Annette Leonhardt (Hrsg.)
Cornelia Kapfhammer / Michaela Nachtrab

Entspannungsspiele
für hörgeschädigte und sprachbehinderte Kinder

Pä"

470

KAP

UNIversitätsPRAxisreihe,
herausgegeben von Annette Leonhardt

Annette Leonhardt (Hrsg.)
Cornelia Kapfhammer / Michaela Nachtrab

# Entspannungsspiele für hörgeschädigte und sprachbehinderte Kinder

Illustrationen: Juliane Rothämel

Luchterhand

Die Deutsche Bibliothek - CIP-Einheitsaufnahme

Kapfhammer, Cornelia:
Entspannungsspiele für hörgeschädigte und sprachbehinderte Kinder /
Cornelia Kapfhammer ; Michaela Nachtrab. – 1. Aufl. – Neuwied ;
Berlin : Luchterhand, 2000
ISBN 3-472-04092-0

Layout: Thorsten Falke, Berlin
Umschlaggestaltung: Wiesjahn Satz- und Druckservice, Berlin
Papier: Permaplan von Arjo Wiggins Spezialpapiere, Ettlingen
Druck: H. Heenemann GmbH & Co, Berlin
Printed in Germany, November 2000

∞ Gedruckt auf säurefreiem, alterungsbeständigem und chlorfreiem Papier

# Inhalt

# Vorwort

Mit der vorliegenden Publikation beginnen die Mitarbeiterinnen des Lehrstuhls für Gehörlosen- und Schwerhörigenpädagogik der Ludwig-Maximilians-Universität München eine lose Folge von Büchern: die »UNIversitätsPRAxisreihe« (UNIPRA). In ihrem Mittelpunkt stehen praxisbezogene Anregungen für die unterschiedlichen Aufgabenfelder der Pädagogen, beispielhaft verwiesen sei auf die Früh- und Vorschulerziehung sowie die Unterrichts- und Freizeitgestaltung von hörgeschädigten und sprachbehinderten Kindern und Jugendlichen. Wir verbinden mit der Herausgabe der Reihe das Anliegen, die fachliche Diskussion und den Erfahrungsaustausch zwischen Wissenschaftlern und den Pädagogen »vor Ort« weiter zu festigen und zu intensivieren.

Im ersten Band stellen Cornelia KAPFHAMMER und Michaela NACHTRAB Entspannungsspiele vor, die in der Arbeit mit hörgeschädigten und sprachbehinderten Kindern eingesetzt werden können. Alle Spiele wurden erprobt und auf ihre Verwendbarkeit hin überprüft. Das Buch geht in seiner vorgelegten Form über eine reine Materialsammlung hinaus: Es regt an, sich mit den entspannenden Möglichkeiten von Spielen auseinander zu setzen.

Die Veröffentlichung richtet sich an einen breiten Leserkreis: an Lehrer(innen) der Förderschulen, Sozialpädagog(inn)en, Erzieher(innen), Sprachtherapeut(inn)en, Logopäd(inn)en, Hör-Sprachtherapeut(inn)en, Psycholog(inn)en, Ergotherapeut(inn)en und nicht zuletzt an Eltern. Wir gehen davon aus, dass die Sammlung der Spiele den genannten Personen von Nutzen sein kann.

Der mit diesem Buch eröffneten Buchreihe »UNIPRA« wünschen wir eine gute Aufnahme.

München, im Oktober 2000                    *Annette Leonhardt*

# 1 Spannungsfelder hörgeschädigter und sprachbehinderter Kinder

Eltern, Lehrer und Erzieher klagen immer häufiger über das auffällige und schwierige Verhalten von hörgeschädigten und sprachbehinderten Kindern und Jugendlichen.

Eltern benötigen Hilfe von Erziehungsberatungsstellen, um mit ihrem eigenwilligen und aggressiven Kind ein friedliches Familienleben gestalten zu können. Lehrer leiden zunehmend unter der unruhigen und gewaltvollen Atmosphäre im Klassenzimmer, die Lernvorgänge erschwert und behindert. In der Gruppenarbeit oder auf Freizeiten müssen sich häufig Helfer speziell um einzelne Teilnehmer kümmern, die sich auf Grund ihres Verhaltens nicht in die Gruppe integrieren lassen. Es kommt zu Aggressionen, Tätlichkeiten und gewaltsamen Handlungen, die ein sofortiges Eingreifen nötig machen.

In allen Tätigkeitsbereichen ist ein Rückgang der Konzentrations- und Hinwendungsfähigkeit hörgeschädigter und sprachbehinderter Kinder zu bemerken. Oft wird die Diagnose »hyperkinetisches Syndrom« gestellt. Das stille Sitzen in der Schule ist für diese Kinder eine Qual, störend wackeln sie mit ihren Stühlen oder zappeln mit den nicht beschäftigten Gliedmaßen.

Weniger störend hingegen fallen ängstliche und verschlossene Kinder auf. Zunehmend sind bereits Grundschüler auf die Einnahme beruhigender Medikamente angewiesen, um die Auswirkungen psychosomatischer Angstreaktionen zu unterdrücken. Vor allem bei hörgeschädigten und sprachbehinderten Kindern fällt es wegen der bestehenden Kommunikationsbehinderung schwer, vorhandene Ängste zu ergründen und zu besprechen. Diesen Kindern und Jugendlichen sollte, auch wenn sie im Ablauf einer geplanten Aktivität oftmals weniger störend wirken, gleich viel Aufmerksamkeit gezollt werden, wie den lauten und aggressiven.

Abweichendes Verhalten kann ein Kennzeichen hoher mentaler Anspannung sein. Lebensumstände und Ereignisse werden von den Kindern als belastend erlebt. Häufig fehlt ihnen die Möglichkeit, die entstandenen Spannungen zu besprechen, zu verarbeiten und adäquat zu lösen.

Einige Lebensumstände, die bei Kindern im Allgemeinen und bei hörgeschädigten und sprachbehinderten Kindern im Besonderen zu erhöhten psychischen Spannungen führen können, sollen kurz angesprochen werden.

## 1.1 Spannungsfelder im Rahmen der Familie

Das Verständnis von Familie und die Verhältnisse in den Familien haben sich in den letzten Jahrzehnten grundlegend geändert. Eine Veränderung muss aber nicht zwangsläufig eine Verschlechterung darstellen. Trotzdem bietet das heutige Familienleben Strukturen, die zu vermehrtem Spannungsaufbau bei Kindern und Jugendlichen führen können. Kinder heute sind offener und selbstverständlicher in das Familienleben mit einbezogen. Sie partizipieren von den vielfältigen Informationen und haben oft ein umfangreicheres Wissen als die Kinder früherer Generationen. Sie werden allerdings auch ungeschützter mit den Sorgen, Ängsten und Spannungsfeldern der Erwachsenen (Arbeitslosigkeit, Eheprobleme, etc.) konfrontiert, die häufig nicht verstanden und verarbeitet werden können. Den meisten Kindern wird ein umfangreiches Mitspracherecht bei der Gestaltung des Familienlebens zugestanden. Dieses ermöglicht ihnen eine aktive Einflussnahme auf das Zusammenleben. Oft bleiben den Kindern aber die Maßstäbe, nach denen die Eltern Mitsprache befürworten oder ablehnen, undurchschaubar. Ein wechselhafter und uneinheitlicher Erziehungsstil wird in der Psychologie einhellig für den Aufbau von Ängsten und Aggressionen verantwortlich gemacht. Den Kindern fehlt die Sicherheit, die klare Vorgaben und Konsequenzen mit sich bringen, und Orientierungshilfen, die das Verhalten kontrollieren.

Familien mit wechselnden Elternteilen, »Einelternfamilien«, Einzelkinder und Familien, bei denen beide Elternteile berufstätig sind, sind heute keine Ausnahme mehr. Einerseits erhöhen diese Familienkonstellationen häufig die Selbstständigkeit und Mitverantwortlichkeit der Kinder, was durchaus positiv zu bewerten ist. Andererseits sind diese Familien oft stärker von Stress und Überforderungsgefühlen geprägt. Zeit wird zum kostbaren Gut, emotionale Stabilität erhält mannigfaltige Angriffspunkte.

Gerade Eltern behinderter Kinder sind einer erhöhten emotionalen Belastung ausgesetzt: Untergründige Schuldgefühle, Enttäuschung über die Andersartigkeit des Kindes, Schamgefühle, Hilflosigkeit und die Belastungen, die sich oftmals durch ein umfangreiches Förderprogramm ergeben, können tief in das Lebensgefühl der Eltern einschneiden. Diese Effekte sind vor allem in der fortgeschrittenen Industriegesellschaft zu beobachten, in der Kinderreichtum nicht als Garant für eine spätere Altersversorgung angestrebt wird, sondern in der sich junge Paare eher aus Gründen der Selbstverwirklichung für ein Kind entscheiden. Ein bis zwei Kinder gehören heute für viele zum idealen Entwurf des Lebens. Auf diesen Kindern lastet der Druck einer unproblematischen Sozialisation zur Vervollkommnung des Lebens der Eltern.»In diesen Familien werden Kinder immer weniger so hingenommen wie sie sind, mit ihren geistigen und körperlichen Eigenheiten. Kinder [...] werden zunehmend zum Zielpunkt ebenso ehrgeiziger wie planvoller Bemühungen: Möglichst alle Mängel sollen korrigiert werden, und möglichst alle Anlagen sollen gestärkt werden« (ROLFF/ZIMMERMANN 1997, 32). So wird die Geburt eines behinderten Kindes oftmals als persönliches Versagen empfunden und dem Kind unbewusst die Ursache für eigene Lebensprobleme zugeschrieben. Auch wenn solche Empfindungen in der Familie nicht ausgesprochen werden, so liegt es nahe, dass sich die Spannungen und Enttäuschungen der Eltern auf das Kind übertragen.

Vor allem die Beziehung zwischen Eltern und hochgradig hörgeschädigten Kindern ist bereits sehr früh Gefährdungen ausgesetzt. Die Diagnose einer hochgradigen Hörschädigung und die damit verbundene Vorstellung, dass sich die Eltern dem Kind kommunikativ nicht mehr umfassend vermitteln können, verunsichert die Eltern in ihrer spontanen Beziehungsaufnahme. Für das Kind kann das Auseinanderklaffen von Inhalts- und Beziehungsaspekt einer sprachlichen Mitteilung verwirrend wirken.

Bei jeglicher Form von Behinderung besteht die Gefahr, dass die Schwerpunkte der Förderung – und damit die Schwachpunkte des Kindes – dominierend in den Mittelpunkt der Beziehung treten. Das Kind spürt den Wunsch der Eltern, es möge Fortschritte machen, und fühlt sich so nur an seiner schwächsten Seite beurteilt. Fortschritt wird mit Akzeptanz gleichgesetzt, wobei anderweitige Fähigkeiten und Begabungen des Kindes oft in den Hintergrund treten. So ist das Kind unter Umständen permanent dem Gefühl ausgeliefert, dass es den Ansprüchen der Eltern nicht genügt. Diese Tatsache kann tief in die Persönlichkeit eines Menschen eingreifen und zu Ängsten oder Aggressionen führen.

## 1.2 Spannungsfelder im Bereich der Freizeitgestaltung

Das Freizeitverhalten vieler Kinder hat sich in den letzten Jahrzehnten stark verändert. Bewegungs- und fantasieorientierte Freizeitgestaltung, die stark sozial geprägt war, weicht in vielen Fällen der Einzelbeschäftigung mit den neuen Medien Computer und Fernsehen. Es wird davon gesprochen, dass inzwischen ein Drittel der Neun- und Zehnjährigen einen eigenen Fernseher hat, und etwa 25 Prozent der Kinder zwischen sechs und acht Jahren bis Mitternacht oder länger fernsehen (vgl. KRUSE/HAAK 1995, 21). Dies beeinträchtigt die Aufmerksamkeitsspanne und die Konzentration lässt nach. Die Verarbeitung des Gesehenen ist in den meisten Fällen nicht gewährleistet. Vor allem hörgeschädigte Kinder, die häufig auf sprachliche Informationen verzichten müssen, und sprachbehinderte Kinder, die Schwierigkeiten haben sich mitzuteilen und auszutauschen, können sich Zusammenhänge nur bruchstückhaft erschließen. Die Auswirkungen des hohen Fernseh- und Computerkonsums werden in der Literatur kontrovers diskutiert. Mit Sicherheit haben diese neuen Medien gerade für hörgeschädigte und sprachbehinderte Menschen auch deutliche Vorteile. Trotzdem *kann* ein Missbrauch zu schwer wiegenden Persönlichkeitsveränderungen führen, die vor allem mit einem erhöhten Spannungspotenzial einhergehen.

Unverstandene und als widersprüchlich empfundene Szenen im Fernsehen, rascher Programmwechsel (»zappen«) und auf Wettbewerb ausgerichtete Computerspiele rufen eine messbar hohe physiologische Erregung hervor. Sind Kinder dieser übermäßigen Reizflut täglich mehrere Stunden ausgesetzt, reagieren sie mit typischen Stress-Symptomen: eine herabgesetzte Frustrationstoleranzgrenze, Aggressionen und Konzentrationsschwäche.

Der Einfluss von Gewaltszenen im Fernsehen und von der Beschäftigung mit aggressiven Computerspielen auf das Verhalten von Kindern und Jugendlichen ist noch nicht endgültig geklärt. Unabhängig davon ist ein beachtlicher Anstieg der Gewaltbereitschaft in der Gesellschaft zu verzeichnen. Aggressives Handeln ist häufig ein Zeichen von gestörten Sicherheits- und Vertrauensverhältnissen. Nur wer sich unsicher fühlt, muss zum Angriff übergehen. Unsicherheit steht immer in Verbindung mit einer erhöhten Anspannung, da sich Körper und Psyche in wacher Reaktionsbereitschaft auf unvorhersehbare Ereignisse befinden. Die Ursachen für die gestiegene Gewaltbereitschaft von Kindern und Jugendlichen mögen vielfältig in unserer Gesellschaft und Erziehungspraxis verankert sein. Gewaltszenen aus dem Fernsehen liefern Handlungsschemata, wie (vermeintlich) mit aggressiven Impulsen umgegangen werden kann.

Ein weiterer auffälliger Effekt der veränderten Freizeitgestaltung vieler Kinder ist eine geschwächte sinnliche Wahrnehmung (STRUCK 1997, 33) und der Rückgang motorischer Kompetenzen. Bei vielen der heutigen Kinder weichen Primärerfahrungen sozialer, sinnlicher und motorischer Art mehr und mehr medial vermittelten Erfahrungen. Bewegungsspiele und sportliche Wettkämpfe werden zunehmend durch Konzentrationsspiele und bewegungsarme Beschäftigungen ersetzt. Die Kinder sind verstärkt »konzentrationsschwach, können nicht zuhören und nicht lange durchhalten, sie sind ungeschickt, laufen überall gegen, schmeißen alles um, können mit [...] verschiedenen Materialien nicht angemessen umgehen, sind verwirrt und ungelenk, [...] spüren nicht, dass hinter ihnen einer steht oder eine Wand ist, [...] , können nicht mehr [...] balancieren oder im Kreis bzw. rückwärts gehen« (STRUCK 1997, 33).

Auch diese Unsicherheiten, das Gefühl nicht »Herr der Lage zu sein«, kann zu einem erhöhten Spannungsaufbau führen.

Gerade hörgeschädigte und sprachbehinderte Kinder sind dieser Unsicherheit durch ihre kommunikative Beeinträchtigung in besonderem Maße ausgesetzt.

ECKERT (1988, 103) betont, dass zahlreiche Untersuchungsergebnisse darauf hinweisen, »dass Sprachentwicklungsstörungen mit einem allgemeinen motorischen Rückstand, insbesondere hinsichtlich Gleichgewicht, Schnelligkeit, Simultankoordination, Kraft, sowie Hand- und Fingergeschicklichkeit, einhergehen«.

In einer Untersuchung von AXMANN (1993), in die 109 an Taubheit grenzend schwerhörige Schüler einbezogen wurden, fielen 70 % der Kinder beim Körperkoordinationstest von SCHILLING/KIPHARD (1976) durch eine »auffällige« Motorik auf. Dieses Ergebnis mag teilweise auf ein gestörtes Vestibulärsystem zurück zu führen sein. Es liegt aber zum Teil auch an der Einschränkung des auditiven Analysators. Akustische Eindrücke verschaffen dem Menschen eine Orientierung im örtlichen und zeitlichen Raum, sie geben Auskünfte über unsere Umgebung. Für hörgeschädigte Kinder bleibt diese Orientierung oft verschlossen oder eingeschränkt. Gegenstände oder Menschen können plötzlich »da« sein oder verschwinden. Schreckmomente sind aus diesem Grund keine Seltenheit und setzen hörgeschädigte Menschen unter eine gewisse Spannung. Ständig müssen sie auf (für sie) undurchschaubare Ereignisse gefasst sein, sich vorsichtig in Raum und Zeit bewegen. Dieses Bereit-Sein für alles Kommende ist anstrengend und erfordert einen Ausgleich.

## 1.3 Spannungsfelder auf Grund der Kommunikationsbehinderung

Lautsprachliche Kommunikation ist ein wesentliches Medium der sozialen Kontaktaufnahme, des personalen Ausdrucks sowie der Informationsgewinnung und -verarbeitung. Ist die Kommunikationsfähigkeit beeinträchtigt, so können auch in ihren Funktionsbereichen Störungen auftreten. Mit diesen Problemen sehen sich hörgeschädigte und sprachbehinderte Menschen Tag täglich konfrontiert. Kommunikation wird unter Umständen zum spannungsreichen, kräftezehrenden Ereignis. Sprachverständnis und Sprachproduktion kann zum Hindernis in der sozialen Begegnung werden und nicht nur den hörgeschädigten und sprachbehinderten Menschen, sondern auch den Kommunikationspartner unter Verständigungs- und Zeitdruck setzen. Die formale Sprachbewältigung rückt in den Mittelpunkt und dominiert über die anderen Aspekte der Kommunikation. So ist vor allem der Beziehungsaspekt einer sprachlichen Äußerung sehr störanfällig. Dem hörgeschädigten und sprachbehinderten Kommunikationspartner gelingt es auf Grund seiner Beeinträchtigung häufig nicht, in gesellschaftlich und kulturell üblicher Weise Beziehungsbotschaften mit seiner Äußerung zu verknüpfen. Häufig ist die Fähigkeit, sprachlich-prosodische Beziehungsdefinitionen des Gesprächspartners wahrzunehmen, beeinträchtigt. Dies kann auf beiden Seiten zu Verunsicherungen und Missverständnissen – zu Spannungen – führen.

Sprache ist ein Ereignis, das in der Zeit stattfindet. Der zeitliche Rahmen für Äußerungen in verschiedenen Kommunikationssituationen ist in der jeweiligen Gruppe der Sprachbenutzer konventionalisiert.»Verstöße« gegen diese Gewohnheiten fallen auf und stören den Gesprächsablauf. Vor allem Verzögerungen in der Sprachproduktion verleiten den Gesprächspartner dazu, bei der Beschleunigung des Sprechaktes behilflich zu sein. Diese Hilfeleistung – so gut sie auch gemeint ist – beinhaltet einen Eingriff in den Akt des personalen Ausdruckes. Ein ständiges »Nicht-zur-Sprache-Kommen« jedoch kann zu psychischen Störungen führen und das Selbstwertgefühl des Sprechers nachhaltig beeinträchtigen.

Sprachkompetenz wird in unserem Kulturkreis oft unreflektiert mit Selbstständigkeit und Vollwertigkeit gleichgesetzt. Häufig wird von einer eingeschränkten Ausdrucks- und Verständigungsfähigkeit auf umfassende Hilfsbedürftigkeit geschlossen. Vor allem hörgeschädigten und sprachbehinderten Kindern wird oft erst später Selbstständigkeit im Denken und Handeln zugetraut als gleichaltrigen nicht behinderten Kindern. Lehrer, Eltern und Erzieher neigen dazu, schwierige und zeitaufwändige Erklärungssituationen zu vermeiden und stattdessen den Kindern und Jugendlichen Hindernisse aus dem Weg zu räumen und stark lenkend in das Handeln einzugreifen. Selbstständigkeit wird oftmals weder sprachlich angeregt noch zugelassen.
Auch in diesem Umstand liegt die Gefahr, dass sich hörgeschädigte und sprachbehinderte Kinder nicht auf ihre Leistungsfähigkeit verlassen können und Minderwertigkeitsgefühle entwickeln (vgl. AHRBECK 1997, 166).

# 2 Entspannung

Entspannung ist ein Leib-Seele-Zustand, der in unserer heutigen Gesellschaft einen hohen Stellenwert erhalten hat.

Nach anstrengender Arbeit wünscht man sich eine entspannende Tätigkeit, der Jahresurlaub dient der Entspannung – selbst wenn ein Aktivurlaub geplant ist –, die Kosmetikindustrie bietet zahlreiche Mittel zum Zweck der Entspannung an, und Kurse, in denen Entspannungstechniken gelehrt werden, florieren. Während in den zuletzt genannten Beispielen Entspannung durch bewusste Ruhephasen herbeigeführt wird, können andererseits auch selbst gesteuerte Aktivitäten, die jedoch psychisch nicht belastend sein dürfen, zum Abbau von Spannungen führen.

Der Zustand der Entspannung wird in zunehmendem Maße notwendig, um Kraft für den Alltag, der hohe Anforderungen an das Konzentrations- und Reizverarbeitungsvermögen stellt, zu sammeln. Da andauernde Verspannung und Anspannung sowohl zu somatischen als auch zu psychischen Krankheitsreaktionen führen können, haben verschiedene Entspannungsverfahren in den letzten Jahrzehnten vermehrt Einfluss und Beachtung sowohl in klinischer als auch in alternativer Medizin gewonnen. Die Fähigkeit, aktiv einen entspannten Zustand herstellen zu können, wird präventiv und therapeutisch eingesetzt und erspart häufig die Einnahme von Medikamenten.

Anders als früher leiden heute auch viele Kinder unter den mannigfaltigen, spannungsreichen Anforderungen des Alltages: leistungsorientierte Anforderungen in der Schule, ein reiches Angebot von zusätzlichen Lern- und Förderangeboten, Konfrontation mit intensiven, oft unverarbeiteten Reizen durch Fernsehen und Computer, die oft beengten Lebensverhältnisse und belastende Familienkonflikte.

Vor allem behinderte Kinder sind oft einem hohen Leistungsdruck und dem unreflektierten Wunsch der Eltern, ein »normales« Kind zu haben, ausgesetzt. Aggressive, unruhige, ängstliche oder depressive Verhaltensweisen können als Ventile für übermäßig angestaute Spannungen fungieren.

Kindgemäße Entspannungsverfahren sind eine Möglichkeit, bei der Bewältigung von Stresssituationen und beim Abbau von Verhaltensauffälligkeiten behilflich zu sein. Entspannung revitalisiert den Körper und die Seele und ist wesentliche Voraussetzung für Konzentrationsleistungen.

Im Folgenden soll kurz erläutert werden, was unter »Entspannung« zu verstehen ist, und welche Vorgänge ihr zu Grunde liegen:
Im Zentrum unterschiedlicher Definitionen von »Entspannung« stehen meist Begriffe wie *Lösung* und *Erholung.* »Sich [zu] entspannen« bedeutet, sich frei zu machen von »Belastungen, Stress, körperlicher Anspannung ...« (BÜNTING 1996, 321).
Unter biologischen Gesichtspunkten entspricht der Zustand der Entspannung einem spezifischen nervlichen Zustand. Als Grundlage für eine Entspannungsfähigkeit dient das menschliche Nervensystem. Es wird unterteilt in das so genannte *animale Nervensystem,* das für die willkürlichen Funktionen des Organismus zuständig ist, und in das *vegetative Nervensystem,* welches ohne bewusste Eingriffe die Lebensfunktionen (Atmung, Verdauung, Stoffwechsel...) reguliert. Beide Systeme sind im Gehirn eng miteinander verbunden und wirken aufeinander ein. Auch seelische Vorgänge werden von ihnen beeinflusst.
Das vegetative Nervensystem weist u.a. zwei weit verzweigte Nervenstränge, den *Sympathikus* und den *Parasympathikus,* auf. Beide geben Signale an die Organe des Körpers, wobei ihre Wirkung meist entgegengesetzt ist. Je nachdem welcher Einfluss überwiegt, äußern sich die Reaktionen leistungssteigernd oder beruhigend auf die Organtätigkeit. Für Aktivitäten und abbauende Stoffwechselprozesse ist größtenteils der Sympathikus zuständig (ergotrope Wirkung). Parasympathische Innervationen regen Energiespeicherungen, Erholung und Aufbau an (trofotrope Wirkung). Unter normalen Lebensumständen sind stets beide Nervenstränge wirksam, sodass eine lang andauernde einseitige Funktionsänderung vermieden wird. Dauerbelastung kann dieses Gleichgewicht jedoch stören.

Nimmt man auf eine Organtätigkeit in Richtung Entspannung Einfluss, so wirkt sich dies auf das gesamte Nervensystem des Körpers – und somit auch auf die psychischen Vorgänge – aus. Entspannungsverfahren müssen ein Umschalten von ergotropen Verhältnissen auf trofotrope Zustände bewirken, um die erwünschten Reaktionen zu erreichen. Die psychophysiologischen Reaktionen des Organismus im Entspannungszustand sind als biologisches Muster im Verhaltensrepertoire des Menschen angelegt und können unter günstigen Umständen leicht ausgelöst werden. Sie spielen sich auf verschiedenen Ebenen ab, zu denen körperliche Reaktionen, Emotionen, Verhaltensweisen und Kognitionen gerechnet werden.

VAITL/PETERMANN (1993, 27) nennen folgende typische Entspannungsreaktionen:

- *Affektive Indifferenz*: Affekte und Emotionen können in entspanntem Zustand kaum noch provoziert werden.
- *Mentale Frische*: Ein Gefühl des Ausgeruhtseins erfrischt Körper und die Psyche.
- *Erhöhung der Wahrnehmungsschwellen*: Außenreize lösen geringere Reaktionen aus. Geräusche, taktile Stimulationen o.ä. werden meist nicht mehr wahrgenommen.
- *Neuromuskuläre Veränderungen*: Die Reflex-Tätigkeit verändert sich.
- *Kardiovaskuläre Veränderungen*: Sie bewirken unter anderem eine geringe Verlangsamung des Pulsschlages und eine Senkung des arteriellen Blutdrucks.
- *Respiratorische Veränderungen*: Die Atemfrequenz wird langsamer und der Atem tiefer.
- *Elektrodermale Veränderung*: Die Haut nimmt an Leitfähigkeit zu.
- *Zentralnervöse Veränderung*: Die hirnelektrischen Aktivitäten verändern sich.

Entspannungsreaktionen können auf verschiedenen Wegen erreicht werden. In psychologisch-therapeutischen Verfahren spielen vor allem die *Hypnose*, *imaginative Verfahren*, das *Autogene Training*, verschiedene *Meditationsformen* und die *Progressive Muskelentspannung* eine Rolle.

Auch aus allen Religionen sind zahlreiche Verfahren bekannt, die eine vertiefte Entspannungsreaktion herbeiführen sollen: das Beten des Rosenkranzes, Stimulation der Sinne durch Gerüche und Kerzenschein, rhythmische Körperbewegungen, Meditationsverfahren u.v.m.

Viele der gängigen Entspannungsverfahren eignen sich jedoch nicht für Kinder, da deren Energiehaushalt anders als beim Erwachsenen geregelt ist.

Manche Methoden erfordern ein gewisses Maß an Techniken, die eingesetzt werden müssen, um einen erkennbaren Erfolg zu erzielen. Korrektes Autogenes Training benötigt beispielsweise das Beherrschen von Vorstellungsvorgängen und Konzentration, was Kindern mit Verhaltensauffälligkeiten oft schwer fällt.

Weiterhin ist eine gewisse Anzahl von Sitzungen nötig, um die Übungen zu automatisieren und zu einem Therapie-Erfolg zu gelangen. Imaginative Verfahren sind stark an die Sprache gebunden und somit für hörgeschädigte Kinder nicht geeignet.

Es gilt also für die Arbeit mit Kindern eine Form zu finden, die dem Entwicklungsstand des Kindes entspricht, eine Methode mit verständlicher Anleitung, mit geringem Zeitaufwand, Kurzweiligkeit und Abwechslung.

Für die Anwendung bei hörgeschädigten und sprachbehinderten Kindern sollten die Verfahren möglichst entlastet von verbaler Kommunikation sein. Diese Voraussetzungen erfüllt in hervorragender Weise das Spiel.

# 3 Entspannungsspiele für hörgeschädigte und sprachbehinderte Kinder

## 3.1 Das Spiel

Der Begriff des Spiels ist nicht nur auf den Lebensbereich von Kindern beschränkt. Auch Erwachsene vertreiben sich gerne mit verschiedenen Arten von Spielen die Zeit. Meistens wird das Spiel als erholsame und vergnügliche Tätigkeit empfunden. Während Kinder sich überwiegend dem Fantasiespiel hingeben, bevorzugen Erwachsene Regelspiele, die sehr häufig sportlich geprägt sind. Auch im therapeutischen Bereich – vor allem bei Kindern – werden zunehmend spielerische Behandlungs- und Diagnoseformen eingesetzt.

Eine allgemein gültige Definition des Begriffs »Spiel« konnte bisher noch nicht gefunden werden. Spezifisch für jede Form des Spiels scheinen jedoch die Aspekte *Freiwilligkeit* und *Freude/Spaß* zu sein. FRITZ (1993, 13) definiert das Spiel durch seinen *Realitätsbezug*. Er nennt es den »unscharfen Rand« unserer Wirklichkeit. »Spiel verbindet Wirklichkeit mit Möglichkeit. Es ist ein Zwischenbereich des Menschen, in dem neue Wirklichkeit sich bilden und alte Wirklichkeit absinken kann.« Diese Charakterisierung trifft besonders auf das Fantasiespiel zu. DOLLE u.a. (1983, 5) machten auf den eindeutig *entwicklungsbedingten Verlauf* von Spielformen aufmerksam. Man stößt innerhalb der Kindheit auf unterschiedliche Spielarten und -formen, die gemäß dem Entwicklungsstand variieren. Charakteristisch für jede Form des Spiels ist auch das Kriterium *Mittel vor Zweck* (vgl. EINSIEDLER 1985, 15). Interessant und faszinierend ist zunächst an der spielerischen Betätigung der Spiel*prozess* und somit das Beschäftigungs*mittel*. Der *Zweck*, wie das Üben von Fertigkeiten, ist nebensächlich. Aus diesem Grund können durchaus *geleitete Spiele* oder *Lernspiele* als Spiele bezeichnet werden, solange die Kinder Interesse und Freude an der Beschäftigung haben, die praktizierte Form kindorientiert aufgebaut ist und dem Entwicklungsstand gerecht wird.

HECKHAUSEN (1979) beschäftigt sich in besonderer Weise mit dem Phänomen der *Spielmotivation*. Er konnte bei verschiedenen Spielarten feststellen, dass immer eine eigentümliche Spannung im Spielprozess vorhanden ist, die von den Teilnehmern geradezu gesucht wird. Dabei bleibt die Spannung nicht gleichmäßig auf dem selben Niveau. Es wird im Spielverlauf ein Spannungszustand aufgebaut, der plötzlich abfällt und sofort wieder erneuert wird. Dieser Ablauf wird als *Aktivierungszirkel* bezeichnet, der durch das typische Nacheinander von Anspannung und Entspannung gekennzeichnet ist.

Dieses Nebeneinander von An- und Entspannung prädestiniert das Spiel geradezu für den Einsatz innerhalb von Entspannungsverfahren. Wichtig bei der Durchführung von Spielen ist nach HECKHAUSEN immer die »richtige Dosis« der Spannung. Werden die Grenzen des ausgeglichenen Bereichs, den man als mittleren Bereich bezeichnen kann, überschritten, kommt es zu Langeweile oder »Toberei«, je nachdem, ob zu wenig Spannung vorhanden war oder ob sie sich überschlug. In beiden Fällen bricht das Spiel zusammen.

## 3.2 Entspannungsspiele

Da nicht nur Erwachsene sondern auch Kinder unter starken Anspannungen und Druck leiden, ist es notwendig, nach Verfahren zu suchen, die auf kindgemäße Weise zu einer Entspannungsreaktion führen können. Hierfür bieten sich vor allem Entspannungs*spiele* an.

Derart konzipierte Spiele kombinieren Elemente verschiedener Entspannungsverfahren mit einer kindgerechten Aufbereitung. Konzentrationsübungen, Atemtechniken, Sinnesübungen und bewusste Muskelentspannung werden in fantasiebetonte Geschichten »verpackt« und mit spielerischen Anreizen angeboten. Aber auch Verfahren zum Abbau von Spannungen durch großräumige Bewegungen mit anschließendem gezielten Entspannungsaufbau, sind gerade für Kinder sehr wichtig.

Die meisten Entspannungsspiele haben eine ausgeprägt soziale Komponente. Soziale Hemmungen und Berührungsängste werden spielerisch abgebaut. In der gelösten und freudvollen Atmosphäre wird soziale Integration möglich und als ein positiver Wert erfahrbar. Spiele ohne Sieger am Ende unterstützen dieses Klima innerhalb der Gruppe. Der Umgang ist unbelastet von Erfolg oder Misserfolg, und die Entstehung von Außenseiterrollen kann verhindert werden.

Entspannungsspiele leben von der Fantasie der Teilnehmer und des Spielleiters. Sie können nicht rezeptartig angewandt und immer mit gleichem Erfolg verwendet werden. Soll in einer Gruppe Entspannung entstehen, muss sensibel auf die Bedürfnisse aller Teilnehmer geachtet werden.

Entspannungsspiele sind vielfältig einzusetzen.

Sie verbinden kindgemäße Tätigkeitsformen mit therapeutischen Anliegen. So kommt keine Langeweile auf, die Kinder sind motiviert bei der Sache, Bewegungsmangel kann ausgeglichen werden, und es stellt sich ein wohl tuender Entspannungszustand »gleichsam von selbst« ein.

# 4 Einsatzbereiche von Entspannungsspielen

Entspannungsspiele finden ihren Einsatzbereich nicht nur in der psychologisch-therapeutischen Arbeit mit auffälligen Kindern, sondern bieten ein weites Feld von Möglichkeiten in allen pädagogischen Bereichen. Denn nicht nur in der Arbeit mit schwierigen Kindern ist eine beruhigende Atmosphäre und eine entspannte Stimmung positive Grundlage für das gemeinsame Handeln. Augenblicke der Ruhe und Entspannung bergen Kraftquellen und stellen ein vertrauensvolles Sozialklima her.

Gerade für hörgeschädigte und sprachbehinderte Kinder stellen Entspannungsspiele, die zum Großteil sprachfrei ablaufen, Kompensationsmöglichkeiten in ihrem oft spannungsreichen Umfeld dar. Durch die kindgerechte Gestaltung der Übungen sind die Kinder meist motiviert, die Kluft zwischen Erwachsenen und Kindern reduziert sich.

Eltern, Erzieher oder Betreuer können mit einem geringen Zeitaufwand, ohne langwierige Ausbildung und ohne besondere Materialanforderungen störende Spannungen abbauen und Kooperationsbereitschaft erzeugen.

Drei Haupteinsatzbereiche von Entspannungsspielen scheinen wesentlich: der *schulische Bereich*, die *geleitete Freizeitgestaltung* und der *Familienkreis*. Selbstverständlich ermöglicht der spielerische und ungezwungene Charakter der Entspannungsspiele einen unabhängigen Einsatz als einfaches, beruhigendes Mittel für »zwischendurch«.

## 4.1 Einsatzmöglichkeiten von Entspannungsspielen im schulischen Kontext

Schüler mit besonderem Förderbedarf müssen in der Schule oft hohe Konzentrationsleistungen erbringen, um Defizite zu kompensieren. Die Konfrontation mit den eigenen Schwierigkeiten kann zur psychischen Belastung werden.

Mehr noch als in der allgemeinen Schule sollte deshalb die Unterrichtsgestaltung an einer Förderschule aufgelockert werden. Die Schüler brauchen gezielt Ruhepausen und Phasen der psychischen und körperlichen Entspannung. Dass Spiele auch in der Schule ihren Platz haben, ist in der neu orientierten, kindgemäßen Pädagogik unmstritten (vgl. Daublebsky 1988).

## »Spielpausen«

Ein Bereich, der sich direkt aus dem Verlauf und Aufbau des herkömmlichen Unterrichts ableiten lässt, sind kurze »Spielpausen«, die die Lehrkraft als Unterbrechung gestalten kann, wenn die Schüler unaufmerksam, unruhig oder aggressiv werden. Diese Spiel- oder Entspannungsphasen überschreiten selten einen Zeitraum von fünf bis zehn Minuten. Es sind kurze Pausen, die ein Abschalten von der rein kognitiven Arbeit ermöglichen und den Kindern neue Energien zufließen lassen. Den Zeitpunkt wählt die Lehrkraft je nach Notwendigkeit: zu Beginn des Unterrichts ein beruhigendes Spiel, als Gestaltung des Stunden- oder Themenwechsels, um den Kindern eine Änderung des Schwerpunktes zu verdeutlichen und eine Lösung der Gedanken vom vorherigen Thema zu erreichen oder ein gemeinsamer Abschluss zur entspannten und fröhlichen Beendigung des Schultages. Durch den Einsatz von Entspannungsspielen als kurze Unterbrechungen des Unterrichtsgeschehens wird eine ruhigere, gelöstere Stimmung der Kinder erreicht, Entspannung wird möglich. Dies ist unbedingte Voraussetzung für Konzentration in den folgenden Phasen des Schultages. Ein angenehmes Unterrichtsklima ist die Folge dieser kurzen »Spielpausen«.

## »Entspannungsstunden«

Lehrkräfte haben die Möglichkeit, ihren pädagogischen Freiraum oder Förderstunden einmal als »Entspannungsstunden« zu gestalten, um beispielsweise die Kontaktfähigkeit der Kinder zu stärken, ihre Sinne zu schulen oder Koordination, Ausdauer und Entspannungsfähigkeit zu fördern.
Derartige Entspannungsstunden sollten einem formalen Aufbau folgen, einen inneren Spannungsbogen besitzen und nicht nur wahllos Spiele aneinander reihen.
Bewährt hat sich zunächst eine *Einleitung,* die zu einem bestimmten Thema hinführt. Hierfür eignen sich Bewegungsspiele, bei denen sich die Kinder regelgeleitet austoben können. Der geordnete Charakter dieser Spiele und Übungen ist von hoher Wichtigkeit, damit die Situation nicht entgleitet, und die schnelleren Elemente der Spiele ebenfalls der Beruhigung dienen können und nicht gegenteilig Aggressionen aufbauen.
Im *Hauptteil* der Stunde stehen spielerische Übungen zu ausgewählten Fähigkeiten und Techniken (Wahrnehmung, Koordination, Atmung...) mit einem bestimmten Material. Beispielsweise könnte als Technik für das Spiel »Dornröschenschlaf« (Spiel-Nr. 10) das Kennen lernen und Unterscheiden verschiedener Materialien auf der taktilen Ebene im Mittelpunkt stehen. Diese Phase ist nicht auf ständige Gruppenübungen beschränkt, auch Partner- oder Einzelarbeit kann enthalten sein.

Zum *Schluss* sollte die Stunde ruhig und langsam auslaufen. Geübtes und Erlerntes wird in gemeinsamen Spielen angewendet. Entscheidend ist bei derartigen Entspannungsstunden der ausgewogene Wechsel zwischen Spannung und Entspannung. Erreicht werden muss eine Spannungskurve, die auch in jedem Spiel vorhanden sein sollte, um ein Entstehen von Langeweile zu vermeiden.

**»Spielerische Umsetzung in verschiedenen Schulfächern«**

Entspannungsspiele können auch tragende Elemente *verschiedener Unterrichtsfächer oder Unterrichtsphasen* darstellen. Hierfür bietet sich vor allem der Sport(förder)unterricht an.

Kinder, die diesen Unterricht besuchen, leiden meist unter Haltungsschäden, einhergehend mit muskulären Verspannungen und Koordinationsproblemen (vgl. RUSCH/WEINICK 1992). Oft werden auch verhaltensauffällige Schüler in den Sportförderunterricht aufgenommen, die in eine überschaubare Gruppe integriert werden sollen. Entspannung auf körperlicher und psychischer Ebene ist daher medizinisch notwendig und für den Ablauf der Stunden unverzichtbar. Ebenso bieten sich auch Rhythmik- und Musikstunden für den Einsatz von Entspannungsspielen an. Vielen Kindern fällt es zunächst schwer, den primären Bewegungsdrang und angestaute Spannungen zu unterdrücken und sich auf bewusste taktile und auditive Wahrnehmungen zu konzentrieren. Behinderungsspezifische Fördereinheiten, wie Artikulationsübungen, Sprech- und Sprachtherapie oder Hörerziehung erfordern vom Schüler eine hohe Konzentration und sind oft mit Frustrationserlebnissen verbunden. Entspannung fördert die Konzentrationsfähigkeit und trägt zur freudvollen Gestaltung bei.

## 4.2 Einsatzmöglichkeiten von Entspannungsspielen in der geleiteten Freizeitgestaltung

Gruppenleiter von spielerischen Freizeitangeboten haben häufig mit den gleichen Schwierigkeiten zu kämpfen, wie Erzieher und Eltern: Aggressive, unruhige, störende, aber auch ängstliche Kinder, die eine ruhige, fröhliche Atmosphäre verhindern und kaum gemeinsames Spiel ermöglichen. Für Gruppenleiter, die noch keine Erfahrung mit hörgeschädigten und sprachbehinderten Kinder haben, steht meist die schwierige Kommunikationssituation im Mittelpunkt. Eine Integration der betroffenen Kinder in die Gruppe scheint schwierig.
Entspannungsspiele sind in diesem Zusammenhang ein mögliches Mittel, um einen Ruhepol zu schaffen, unbehinderte Interaktion zu ermöglichen und sowohl die Gruppenleiter als auch die Teilnehmer mental zu entlasten. Besonders zu Beginn von Gruppenstunden ist es nötig, die passende Stimmung in der Gruppe zu schaffen, um Ausschreitungen zu verhindern. Der

gemeinsame Beginn mit einem Entspannungsspiel fördert das Gruppengefühl, baut Spannungen ab, und führt zu einer ruhigen und kooperationsbereiten Atmosphäre.

Gerade bei Freizeiten in ländlicher Gegend bieten sich zahlreiche Möglichkeiten, Entspannungsspiele mit einem intensiven Naturerleben zu verbinden. Diese Erfahrung der Einheit mit der Natur wirkt harmonisierend und eröffnet neue Erlebnisqualitäten. Problemlos kann die Natur in das Spielgeschehen eingebaut werden. Materialien, besonders für die Kategorie »Spiele zur Körperwahrnehmung«, sind leicht zu finden. Die Kinder können an verschiedenen Blättern riechen, die Zapfen der unterschiedlichen Bäume abtasten und Baum- oder Pflanzenformen genau untersuchen. Die so gewonnenen Erkenntnisse werden anschließend in Wahrnehmungsspiele integriert oder für »Kim-Spiele« (S. 60) verwendet.

## 4.3 Einsatzmöglichkeiten von Entspannungsspielen in der Familie

Ein interessantes Einsatzgebiet von Entspannungsspielen ergibt sich im familiären Bereich. Eltern können derartige Spiele nützen, um ein harmonischeres Verhältnis innerhalb der Familie herzustellen. Sie sind in der Gestaltung flexibel und bedürfen keinerlei Vorbereitung.

Gerade Eltern, deren Kinder während der Woche im Internat leben, möchten sich oft in der gemeinsamen Freizeit bewusst ihren Kindern widmen. Häufig fehlen jedoch Ideen zur motivierenden kindorientierten Gestaltung.

Häufig sind auch Kontaktprobleme zwischen hörgeschädigten oder sprachbehinderten Kindern und den übrigen Familienmitgliedern auf Grund der schwierigen Kommunikationssituation zu beobachten. Gerade dieser Kontakt ist aber für die psychische Entwicklung eines Kindes elementar. Entspannungsspiele bieten vielfältige Möglichkeiten, sich mit dem Kind zu beschäftigen und spannungsfreien Kontakt herzustellen. Ferner dient der Einsatz taktiler Spiele einer positiven Entwicklung des kindlichen Körpergefühls und der intimen Beziehung zu den Familienmitgliedern.

Eine weitere positive Auswirkung von Entspannungsspielen in der Familie ist die Möglichkeit zum kurzzeitigen Rollenwechsel. Das behinderte Kind darf sowohl die Rolle des Spielleiters als auch die Rolle des Mitspielers erfahren. Es hat keine benachteiligte Position gegenüber den anderen Familienmitgliedern. Diese Erfahrung unterstützt die Persönlichkeitsentwicklung und fördert das Selbstbewusstsein.

Entspannungsspiele können aber auch vorteilhaft in Situationen eingesetzt werden, in denen Kinder beschäftigt werden müssen, um Langeweile zu überbrücken: Langes Warten beim Arzt oder die Urlaubsfahrt im Auto lassen sich z.B. mit »Kim-Spielen« (S. 60) angenehm verkürzen und sorgen für eine ruhige, zufriedene Stimmung.

# 5 Durchführung von Entspannungsspielen

Für eine gelungene Durchführung von Entspannungsspielen müssen einige Rahmenbedingungen beachtet werden. Ein wichtiger – aber oft vernachlässigter – Punkt ist die *Stimmung des Gruppenleiters*. Ist der gesamte Tag schon von Hektik und Stress begleitet, fällt es schwer abzuschalten. Ruhe, die man selbst nicht spürt, kann man auch anderen nicht vermitteln. Aus diesem Grund sollten alle Spielleiter zuerst den eigenen körperlichen und psychischen Zustand befragen, bevor mit den Kindern gearbeitet wird. Ebenso verhält es sich mit der Aufnahmebereitschaft der Kinder. Auch für sie gibt es Tage, an denen sie einfach nicht still werden wollen oder können.

*Erst muss eine gemeinsame Handlungsebene geschaffen werden, und die Kinder müssen die Möglichkeit erhalten, ihren Bewegungsdrang abzubauen. Dies sollte aber nicht unkontrolliert dem Zufall überlassen werden.*

Herrscht auf Seiten des Leiters oder der Kinder zu große Anspannung, sollten schnellere Spiele vor die Entspannungsphasen geschaltet werden. Oft kann bereits ein kurzes, aber anstrengendes Fangspiel eine gute Basis für die Durchführung von Entspannungsspielen legen. Man muss bedenken, dass man Stille nicht erzwingen kann, sie muss innerhalb der Spiele oder Übungen geschehen (vgl. LENDNER-FISCHER 1997, 8).

Großen Einfluss auf das Gelingen der Spiele und deren entspannende Wirkung hat die *Wahl des Raumes und dessen Aufmachung*. Die äußere Gestaltung gewinnt im Hinblick auf hörgeschädigte und sprachbehinderte Kinder verstärktes Gewicht, da gängige beruhigende Mittel wie Musik nicht oder nur begrenzt eingesetzt werden können. Warme Farben, ein helles Zimmer und eine ansprechende Gestaltung tragen in starkem Maße zu einer positiven Atmosphäre bei. Ein leichter Duft, der von einer »Aromalampe« ausgeht, oder durch Farbdias hergestellte »Lichtbäder« wirken ebenfalls beruhigend und harmonisierend.
Wenn sich die Möglichkeit bietet, sollte die Mitte des Raumes als Zentrierungshilfe geschmückt sein. Verwendbar sind alle Materialien, die eine angenehme Ausstrahlung besitzen. Als vorteilhaft haben sich Kerzen und bunte Tücher erwiesen.
Hektische Durchgangszimmer sind zu meiden, da sie zu einer grundlegenden Unruhe führen. Denn jeder Spielort hat Auswirkungen auf die Spielart!

Ein besonderes Augenmerk sollte gerade bei hörgeschädigten und sprachbehinderten Kindern auf die kommunikative Gestaltung der Erklärungsphase gelegt werden. Ausschlaggebend für den Erfolg der ausgesuchten Spiele ist häufig die Art und Weise, wie erklärt und angesagt wird. Handelt es sich bei den Teilnehmern um gebärdensprachlich orientierte Kinder, die diese Art der Kommunikation bevorzugen und leichter verstehen, sollte der Spielleiter diese Sprachform einsetzen, um einen flüssigen Ablauf zu gewährleisten und Verständnisproblemen aus dem Weg zu gehen.
Alle Kinder sollten ungehinderten Blickkontakt zu dem Erklärenden haben, um die Konzentration auf das Gesagte zu erleichtern. Eine halbkreisförmige Anordnung der Plätze hat sich bewährt.
Lange Beschreibungen mit zu vielen Einzelinformationen sollten unbedingt vermieden werden, da sonst die Merkfähigkeit leicht überfordert wird. Sind sprachliche Erklärungen nötig, die über eine Länge von drei Sätzen reichen, sollten die Kinder sich setzen, da sie auf Grund von Kreislaufbelastungen leicht unruhig werden (vgl. DAUBLEBSKY 1988, 138). Optimal ist ein kurzes Vormachen der Spielform, bei dem Kinder assistieren können, die das Spiel bereits kennen gelernt haben oder sehr schnell begreifen.
Für die Ausführung der Spiele ist es von großer Wichtigkeit, dass die Kinder den Spielvorgang verstanden haben. Ungewissheit ruft Ängste hervor

und verhindert Entspannung. Den Kindern muss die Struktur des Geschehens klar sein, sie brauchen eindeutige Spielregeln, um zu einem ruhigen und entspannenden Miteinander zu kommen. Nur so kann es zu einer spannungsfreien, lockeren und auch lustigen Atmosphäre kommen. Die Organisation und Führung des Spieles übernimmt am Anfang normalerweise der Spielleiter. Bei steigender Vertrautheit der Kinder mit dem Spielablauf sollten sie langsam in diese Funktion mit einbezogen werden. So entsteht ein auf das Kind ausgerichteter Spielfluss, an dem jeder aktiv mitwirkt. Das Gefühl des Ausgeliefertseins weicht einer Stimmung, die das Mitspracherecht der Kinder in den Vordergrund stellt. Daher sollten Vorschläge und Ideen der Kinder nie übergangen, sondern nach Möglichkeit in das Geschehen integriert werden.

Für einen geregelten Ablauf müssen stets klare Vorgaben vorhanden sein. Wichtig ist, *vorher* genau zu besprechen, wann das Spiel beginnt und was am Ende gemacht werden soll. Besonders bei Weckspielen wie »Dornröschenschlaf« (Spiel-Nr. 10) muss ständig für alle Kinder eine Beschäftigung gewährleistet sein, um Ausschreitungen auf Grund von Langeweile zu vermeiden.

Die Auswahl der Spiele orientiert sich an den Fähigkeiten der Kinder. Für Anfänger müssen kurze, einfache Spiele verwendet werden, die auf Grund weniger und leicht verständlicher Regeln einen guten Einstieg ermöglichen. Häufig sind gerade für jüngere Kinder Spiele mit einem noch stark ausgeprägten Symbolgehalt und Fantasieeinsatz zu empfehlen.

Werden sämtliche Bedingungen bei der Durchführung berücksichtigt, ergibt sich erfahrungsgemäß ein guter Spielverlauf. Sowohl der Leiter als auch die Kinder haben Spaß am Ablauf, Hemmschwellen für die Aufnahme von Kontakten sinken und eine entspannende Wirkung wird erzielt.

# 6 Kategorien von Entspannungsspielen

Entspannung, Ruhe und Konzentration kann auf unterschiedliche Weise erzeugt werden. Je nach Stimmung und Energiepotenzial in der Ausgangssituation werden sich unterschiedliche Spiele für eine Kindergruppe eignen. Auch die Zielsetzung des Gruppenleiters wird die Auswahl der Spiele beeinflussen.

Die vorgenommene Einteilung der Entspannungsspiele in 9 Kategorien soll bei der Planung von Entspannungsphasen in Schule, Kindergruppe und Familie behilflich sein:

Kategorie 1: Spiele zum Abbau von Bewegungsdrang und Unruhe
Kategorie 2: Spiele, die von der Bewegung zur Ruhe führen
Kategorie 3: Spiele zur Körperwahrnehmung
Kategorie 4: Kim-Spiele
Kategorie 5: Massagespiele und Spiele zur taktilen Stimulation
Kategorie 6: Atemspiele
Kategorie 7: Spiele mit der Zeit
Kategorie 8: Tricks und Kniffeleien zum Nachdenken
Kategorie 9: Von der An- zur Entspannung

## Kategorie 1: Spiele zum Abbau von Bewegungsdrang und Unruhe

Kinder, die unruhig sind, nicht am Platz sitzen können und durch ihre ungesteuerten Aktivitäten das Gruppengeschehen stören, können zur Belastung für alle Beteiligten werden. Organische Ursachen, psychische Belastungen oder einfach eine Überlastung der individuellen Aufmerksamkeitsspanne sind mögliche Gründe. Der bei Kindern natürlich vorhandene Bewegungsdrang wird in unserer Gesellschaft häufig unterdrückt. Im Anschluss an den Schultag, nach verschiedenen Förderstunden oder nach einigen Stunden vor dem Fernseher oder Computer haben Kinder das Bedürfnis zu toben, zu rennen und ihre Energien auszuleben. In diesem Zustand ist es wenig sinnvoll, ohne jede Vorbereitung Entspannungsübungen oder -spiele anzubieten. Zunächst muss eine gemeinsame Handlungsebene geschaffen werden, die oft nur durch einen Abbau des Bewegungsdrangs erreicht werden kann. Dies sollte aber nicht unkontrolliert dem Zufall überlassen werden, da Kinder manchmal ihre Grenzen nicht einschätzen können, und es zu Ausschreitungen kommen kann. Die gespannte Atmosphäre wäre eine schlechte Grundlage für den Einsatz von Entspannungsspielen.

Im Folgenden werden einige Beispiele von sprachfreien Spielen vorgestellt, die die Möglichkeit bieten, durch viele Bewegungsinhalte Unruhe abzubauen. Die Spiele ermöglichen ein Austoben, verhindern aber gleichzeitig eine Eskalation, da es sich um geleitete Spiele handelt. Es wird Spannung erzeugt, die für Kinder fesselnd ist, und der Verlauf kommt ihrem Bedürfnis nach Abwechslung entgegen. Gleichzeitig sind diese Spiele echte Renner in Spielgruppen, mit denen fast jedes Kind angelockt werden kann. Häufig nehmen im Anschluss an derartige Bewegungsspiele auch Kinder an Entspannungsspielen teil, die zuvor jeder Art von ruhigen Übungen mit einem kategorischen »Nein« entgegengetreten waren.

**Spiel 1 Meereswellen**

**Besonderheiten**
Es handelt sich um ein Spiel, bei dem sehr viel schnelle Bewegung gefordert ist. Alle Kinder sind gleichzeitig beteiligt, sodass keine Langeweile aufkommt.

**Voraussetzungen**
Außer Stühlen wird keinerlei Material benötigt. Alter und Anzahl der Mitspieler kann beliebig variieren.

**Beschreibung**
Alle Teilnehmer bilden mit ihren Stühlen einen Kreis. Der Abstand zwischen zwei Nachbarn sollte zunächst etwa 50 cm betragen. Je größer der Abstand ist, desto schwieriger wird das Spiel. Ein Mitspieler, der »Surfer«, macht den Anfang und stellt sich in die Mitte des Kreises. Sein Platz ist nun frei. Die anderen Teilnehmer bilden durch rasches und regelmäßiges Aufrutschen auf den jeweils freien Stuhl die »Wellen« für den »Surfer«.
Seine Aufgabe ist es, sich so schnell und mutig in die »Wellen« zu werfen, dass es ihm gelingt, den freien Stuhl zu besetzen. Hat er dieses Ziel erreicht, dann wird das Kind zum neuen Surfer ernannt, das nicht schnell genug auf den leeren Platz nachgerutscht ist.

**Variationen**
Normalerweise lernen die Kinder schnell, das Hinsetzen des Surfers zu verhindern. Um die Chancen des Surfers zu erhöhen, den freien Stuhl zu erreichen, gibt es zwei Möglichkeiten:
Mit der Zeit kann der Abstand zwischen den Stühlen vergrößert werden, was von den Wellen-Kindern eine noch größere Geschwindigkeit und Geschicklichkeit erfordert.
Außerdem kann eingeführt werden, dass der Surfer die Windrichtung ändern kann. Auf ein vereinbartes Zeichen hin müssen die Wellen-Kinder die Richtung des Aufrutschens ändern. Variiert der Surfer geschickt die Richtung, wird er schneller einen Platz bekommen.

**Achtung!**
Der Spielleiter sollte darauf achten, dass kein Kind zu lange die Rolle des Surfers übernehmen muss, da dies entmutigend sein kann. Eventuell müssen dann die Sitzabstände vergrößert oder Richtungswechsel eingeführt werden.

Stehen die Stühle nicht mehr dicht nebeneinander, kann es bei wildem Wetteifer dazu kommen, dass sie kippen. Darauf müssen die Mitspieler unbedingt vor Beginn aufmerksam gemacht werden. Der Gruppenleiter sollte genau beobachten und eventuell eingreifen, falls durch den Spielverlauf die kleineren oder schwächeren Teilnehmer gefährdet werden.

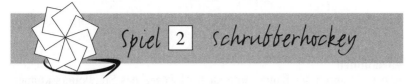

Spiel 2 Schrubberhockey

**Besonderheiten**
Ein absoluter Renner vor allem bei Jungen zwischen acht und zwölf Jahren ist das Spiel Schrubberhockey. Die Kinder können sich hierbei auf spielerische Art und Weise austoben und ihre Kräfte messen.

**Voraussetzungen**
Am Besten eignet sich das Spiel für eine Gruppe von maximal zehn Kindern. Durch diese Beschränkung kommt jeder Teilnehmer oft genug an die Reihe, sodass sich niemand langweilt. Jedes Kind benötigt einen Stuhl. Es ist allerdings auch möglich, vom Boden aus zu spielen, was schwieriger und anstrengender ist. Zusätzlich werden noch zwei Stühle benötigt, die als Tore fungieren. Weiterhin sollten ein Putzlappen und zwei Schrubber bereitliegen. Umfasst die Spielgruppe mehr als zehn Kinder, so sind noch Kärtchen mit Ziffern von 1 bis zur Hälfte der Gruppenstärke erforderlich. Jedes Ziffernkärtchen muss zwei Mal vorhanden sein.

**Beschreibung**
Die Teilnehmer werden in zwei gleich große und etwa gleich starke Gruppen aufgeteilt. Diese sitzen sich in zwei Reihen mit Blick zueinander und im Abstand von etwa drei Metern gegenüber. Anschließend zählt der Gruppenleiter die Reihen durch: Kind 1 der Gruppe A sitzt dem letzten Kind der Gruppe B gegenüber. Das letzte Kind der Gruppe A sitzt Kind 1 der Gruppe B gegenüber.

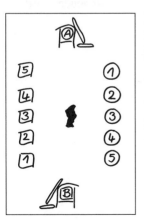

Die Mitspieler müssen sich ihre Nummern gut merken. An jedem Ende des Sitzkorridors steht in der Mitte ein Tor (Stuhl), an das ein Schrubber gelehnt ist. Jeweils ein Tor wird einer Mannschaft zugeordnet. Genau in der Mitte zwischen den beiden Toren liegt der Putzlappen. Der Spielleiter steht an einem Ende des Korridors, sodass jeder Teilnehmer ihn gut sehen kann. Er zeigt nach kurzem Spannungsaufbau (z.B. durch Zittern der Hände oder Antäuschen von Reaktionen) gleichzeitig jeder Gruppe eine Zahl mit den Fingern oder mit vorbereiteten Zahlkärtchen an. Die beiden aufgerufenen Kinder müssen nun so schnell wie möglich zum Tor ihrer Gruppe laufen, ihren Schrubber aufnehmen und versuchen, den Lappen mit dem Schrubber in das gegnerische Tor zu befördern.

**Variationen**
Je nach Wunsch der Kinder und nach Abwägen des Spielleiters können für jedes Tor Siegpunkte vergeben werden. Man kann die Punkte auch über einen längeren Zeitraum hinweg notieren. Der Spielleiter sollte darauf achten, dass es sich um eine ausgewogene Gruppenverteilung handelt. Bei einer ungeraden Anzahl von Kindern, kann ein Mitspieler die Funktion des Gruppenleiters übernehmen und die Begegnungen anzeigen. Dies ist oft eine Möglichkeit, Kinder zu beschäftigen, die aus bestimmten Gründen nicht mitspielen wollen oder auf Grund ihrer körperlichen Einschränkungen keine Gewinnchance hätten.

**Achtung!**
Es sollte besonders darauf geachtet werden, dass jedes Kind während des Spielverlaufes auch einmal ein Erfolgserlebnis hat.
Der Spielleiter muss eingreifen, wenn allgemeine Fairnessregeln missachtet werden oder das Spiel zu bitterem Wettkampf wird. In diesem Fall sollte die Spielrunde abgebrochen werden. Oft genügt ein einmaliger Abbruch mit eindringlichen Ermahnungen, um das Spiel wieder in geregelte Bahnen zu leiten. Handelt es sich um eine sehr lebhafte und ehrgeizige Kindergruppe, sollten auf jeden Fall bereits vor dem Spiel Regeln festgelegt und die Konsequenzen bei unfairem Verhalten aufgezeigt werden.
Da der Schrubberfuß bei diesem Spiel erfahrungsgemäß leicht kaputt geht, empfiehlt es sich, nur die Stiele zu verwenden. Diese müssen am Ende so dick mit festem Klebeband umwickelt werden, dass sie den Boden nicht verkratzen können. Diese Schrubberattrappen sind auch für kleinere Kinder leichter zu handhaben, da die Lappen damit einfacher dem Gegner wegzuschnappen sind, und der Spielverlauf dadurch spannender wird.

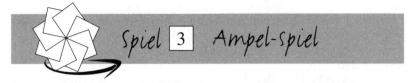

Spiel 3 Ampel-Spiel

**Besonderheiten**
Auch dieses Spiel zählt zu den beliebtesten in jeder Kindergruppe. Gefragt ist gutes Reaktionsvermögen und nicht unbedingt Kraft und Größe der Teilnehmer. Durch den geregelten Verlauf führt es zu ruhigeren Spielen hin. Dennoch ist eine gewisse Geschwindigkeit gefordert.

**Voraussetzungen**
Jedes Kind braucht einen Stuhl, außerdem werden einige Bögen buntes Papier benötigt sowie kleinere Signalkarten in entsprechenden Farben.

**Beschreibung**
Die Teilnehmer werden in zwei gleich große Gruppen aufgeteilt. Die Kinder sitzen auf ihren Stühlen in zwei parallelen Reihen so hintereinander, dass jeweils die ersten und letzten Stühle jeder Gruppe auf gleicher Höhe stehen, und alle Kinder in eine Richtung blicken. Der Abstand zwischen den Plätzen darf höchstens so groß sein, dass die Vorderperson noch gut berührt werden kann.
Vor den Kindern werden drei Bögen buntes Papier (rot, gelb, grün) nebeneinander an der Wand angebracht oder auf den Boden gelegt. Am Ende der Stuhlreihen (hinter den Kindern) steht der Spielleiter, der die Signalkarten hinter dem Rücken hält. Auf ein Zeichen eines Spielassistenten, der so steht, dass alle Kinder ihn sehen können, drehen sich jeweils die letzten Teilnehmer jeder Gruppe um. Der Spielleiter hält eine der Signalkarten hoch, deren Farbe nun an das vorderste Kind jeder Reihe weiter gegeben werden muss. Bei diesem Informationstransport darf jedoch nicht gesprochen oder gebärdet werden, sondern es müssen vorher vereinbarte Zeichen benützt werden.

**Zum Beispiel:**
*rot*:  Klopfen auf die linke Schulter
*gelb*: Klopfen auf den Kopf
*grün*: Klopfen auf die rechte Schulter

Ist das Signal beim vordersten Mitspieler angekommen, springt dieser auf und schlägt auf das entsprechende Blatt Papier.
Nach jeder Runde wechselt das vorderste Kind nach hinten auf den letzten Platz, und alle anderen Kinder rutschen einen Platz nach vorne. Auf diese Weise kommen alle einmal als Letzter und als Erster an die Reihe.
Je nach Wunsch können die Siegpunkte jeder Gruppe gezählt werden.

Problemlos können auch Kinder die Rolle des Spielleiters bzw. des Assistenten übernehmen.

**Variationen**
Am Anfang sollten die Signale (linke/rechte Schulter oder Kopf) mit der räumlichen Position des entsprechenden Papierbogens übereinstimmen (links/rechts/Mitte). Haben die Kinder das Signal für jede Farbe verinnerlicht, kann zur nächsten Schwierigkeitsstufe übergegangen werden: Die Papierbögen werden vertauscht. Gelingt auch hierbei die Farberkennung mit wenigen Fehlern, können neue Signale und neue Farben eingeführt werden.

**Zum Beispiel**:
*blau*:            Klopfen auf den Rücken
*schwarz/weiß*:   Klopfen auf den rechten/linken Arm

**Achtung!**
Oft sind Kinder in der Gruppe, deren Merkfähigkeit nicht so gut ist. Diese werden leicht von den anderen Teilnehmern beschimpft, wenn das Signal zwar richtig vorne ankommt, das Kind aber das falsche Blatt abschlägt. In diesem Fall sollte dann aufs Punkte-Zählen verzichtet werden und die Betonung auf den Spielverlauf und den Spannungsaufbau gelegt werden. Oft macht den etwas langsameren Kindern die Funktion des Spielleiters/ Assistenten mehr Spaß als die Teilnahme in der Gruppe.

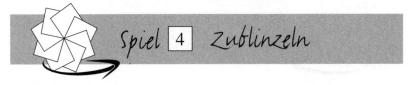

Spiel 4 Zublinzeln

**Besonderheiten**
»Zublinzeln« zählt zu den am häufigsten eingesetzten Spielen in jeder Gruppe. Die geforderte Konzentrationsleistung erzeugt trotz Bewegungsmöglichkeiten und schnellen Reaktionen Ruhe in der Kindergruppe.

**Voraussetzungen**
Es werden außer Stühlen keine besonderen Materialien benötigt.

**Beschreibung**
Die Hälfte der Kinder sitzt in einem Kreis auf Stühlen. Ein Stuhl bleibt frei. Hinter jedem Stuhl befindet sich jeweils ein stehender Teilnehmer, der die Hände auf dem Rücken hält. Der hinter dem freien Stuhl stehende Mitspieler versucht, sich einen der Sitzenden durch Zublinzeln herbeizulocken. Die stehenden Kinder halten ihre Partner, die vor ihnen sitzen, sofort fest, sobald diese zu entwischen suchen. Gelingt es einem Teilnehmer, seinem Wächter zu entkommen und auf den leeren Stuhl zu flüchten, muss der nun freigewordene Wächter versuchen, sich einen neuen Partner herbeizublinzeln.

**Achtung!**
Es ist wichtig, regelmäßig Wächter und Sitzende tauschen zu lassen, da es sonst leicht zu Langeweile kommen kann. Auch sollten die Paare untereinander gelegentlich durchgemischt werden. Ansonsten gelingt es manchen Teilnehmern nie, einem sehr aufmerksamen »Wächter« zu entkommen.
Vor Spielbeginn müssen die Kinder darauf hingewiesen werden, dass sie ihre Partner nicht zu grob, etwa an den Haaren, zurückhalten dürfen.

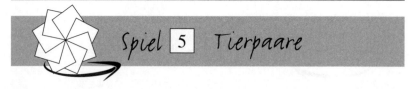

**Spiel** 5  **Tierpaare**

## Besonderheiten
Dieses Spiel kann sehr gut zur kindgerechten Bildung von Paaren eingesetzt werden, wenn die Kinder sich nicht selbst einen Partner suchen sollen, sondern andere Kombinationen als die Üblichen angestrebt werden.
Dies fördert die Entwicklung eines positiven Gruppenklimas und verbessert den Kontakt zwischen den Mitspielern.

## Voraussetzungen
Für das Spiel werden lediglich Zettel mit Tiernamen benötigt, wobei jeweils zwei Zettel mit dem selben Tiernamen versehen sein müssen.

## Beschreibung
Die Kinder laufen durcheinander im Raum umher. Jedes Kind hält einen
zusammengefalteten Zettel in der Hand, den es zu Beginn beim Spielleiter
gezogen hat. Die Teilnehmer, die sich im Raum begegnen, tauschen ihre
Zettel aus, ohne zu lesen, was darauf geschrieben steht. Erst auf ein Zeichen des Spielleiters hin liest jeder Mitspieler die Aufschrift und versucht,
so schnell und so gut wie möglich sein Tier pantomimisch darzustellen,
um seinen entsprechenden Partner zu finden. Dieses Vorgehen kann mehrmals wiederholt werden. Anschließend ermöglicht die paarweise Auftei-
lung die Durchführung eines Partnerspiels, z.b. eines Massagespieles wie
das»Schneckenhaus« (Spiel Nr. 26).

## Variationen
Für kleinere Kinder bietet es sich an, statt Namen Bilder von Tieren auf
die Zettel zu zeichnen oder zu kleben.
Ferner können zusätzlich zu den pantomimischen Darstellungen auch
Geräusche der Tiere nachgeahmt werden.
Je nach Tempo kann das Spiel entweder zum Austoben (die Kinder rennen
durch den Raum) oder zur Beruhigung (die Kinder gehen/schleichen durch
den Raum) eingesetzt werden.

## Achtung!
Der Spielleiter sollte überprüfen, ob die gefundenen Paare für die folgenden Spiele geeignet sind. Falls Kinder aufeinander stoßen, die ganz of-
fensichtlich starke Abneigung gegeneinander hegen, sollte eventuell noch
eine Tierrunde eingeschoben werden, um den Verlauf der folgenden Spiele
nicht zu gefährden.

# Kategorie 2: Spiele, die von der Bewegung zur Ruhe führen

Nach den bewegungsintensiven Spielen der Kategorie 1 soll nun auf die erwünschte Entspannung hingearbeitet werden. Hierfür bieten sich Spiele an, die von einer Person gelenkt werden, die somit Intensität und Spannungsabbau kontrolliert. Wichtig ist, dass nach einer schnellen Temposteigerung ein langsamer, aber eindeutiger Verlauf zur Ruhe hin stattfindet. Gerade im Anschluss an Anspannung und körperliche Anstrengung ist es gut möglich, sich intensiv zu entspannen und dieses Gefühl der Ruhe genau zu spüren und zu genießen. Durch das relativ hohe Tempo zu Beginn der Spiele wird angestaute Energie frei. Rhythmus- und Tempowechsel führen zu einer Lockerung der Muskulatur und dienen einem allgemeinen Warming-up. Der langsame Tempo- und Intensitätsabbau führt allmählich zu einer ruhigen Stimmung, die am Ende ausgiebig genossen werden kann.

Bei diesen Spielen wird intensiv mit fantasievollen Vorstellungen gearbeitet. Dies unterstützt die Kreativität der Kinder. Die Identifikation mit Fantasiefiguren entspannt und erlaubt für die Dauer des Spieles einen Rückzug aus der realen Welt.

Die folgenden Spiele hängen stark vom Animations- und Einfühlungsvermögen des Gruppenleiters ab. Er sollte fantasievoll sein, die körperliche Belastbarkeit der Kinder gut kennen und ihre Reaktionen richtig deuten können. Variiert man die Spiele in Intensität und Dauer, so können sie auch im Sportförderunterricht zur Steigerung der Ausdauerleistung oder zum Aufwärmen eingesetzt werden.

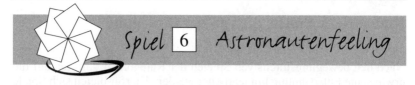

**Besonderheiten**
Dieses Spiel ist innerhalb der verschiedenen Kategorien eines der variantenreichsten und es bedarf eines intensiven Einsatzes von Vorstellungskraft und Fantasie.
Sowohl Intensität als auch Länge lassen sich verändern. Aus diesem Grund können durchaus Kinder mit unterschiedlichen Beeinträchtigungen Freude am Spiel haben. Entscheidend ist die Art der Leitung und der Steuerung, die für Motivation und freudvolles Miteinander ausschlaggebend ist.

**Voraussetzungen**
Es werden keinerlei Materialien benötigt. Die Anzahl der Mitspieler ist unbegrenzt, wobei sich eine Gruppe von maximal acht Kindern als optimal erwiesen hat.
Zu diesem Spiel findet jede Altersgruppe Zugang, da Variationen einen erheblichen Spielraum zulassen. Sogar mit Erwachsenen konnte eine abgewandelte Form erfolgreich durchgeführt werden.

*Jedes Kind träumt davon, einmal als Astronaut an einer jubelnden Menge vorbei zu laufen.*

## Beschreibung

Ein Spielleiter beschreibt kurz eine imaginäre Situation. Beispielsweise: »Wir sind alle erfolgreiche Astronauten und befinden uns kurz vor dem Start der Raumfähre noch in der Zentrale. Wir sehen auf die Uhr und bemerken, dass es schon sehr spät ist. Deshalb müssen wir schnell in unsere Anzüge schlüpfen und zur Startrampe loslaufen ...«

Den weiteren Fortgang der Geschichte spielt der Leiter pantomimisch vor, während die Mitspieler versuchen, seine Bewegungen möglichst genau nachzuahmen. Kurze Erklärungen können je nach dem mündlich oder gebärdensprachlich gegeben werden:

Gemeinsam steigen die Spieler in ihre Astronautenanzüge, laufen los, an Zuschauern vorbei, die wild jubeln, sie müssen grüßen und winken, laufen weiter zur Startrampe, die Treppe hoch, um Kurven, noch einmal Treppen, eine Leiter hoch, ... in das Cockpit und jeder auf seinen Platz. Dort müssen nun ruhig die verschiedenen Checks gemacht werden, Hebel müssen umgelegt werden, und der Gurt darf auch nicht vergessen werden. Die Raumfähre startet mit einer starken Erschütterung und schließlich lehnen sich alle entspannt in ihrem Stuhl zurück, um die beeindruckende Aussicht auf das Weltall und die Erde genießen zu können.

## Variationen

Es sind beliebige Themen in gemeinsamer Ausführung vorstellbar. Zum Beispiel können alle Teilnehmer Bären sein, die aus ihrem Winterschlaf erwachen und erst einmal ihre Glieder strecken und alle Muskeln betätigen müssen.

Oder alle Kinder sind bei einem Wettkampf Sprinter. Sie müssen sich für den Wettlauf aufwärmen und lockern. Nach dem Lauf fallen sie erschöpft ins Gras.

Eine weitere Möglichkeit bietet sich in einer gemeinsamen Urwaldexpedition.

Für fortgeschrittene Spieler kann auch eine Veränderung in der Spielleitung reizvoll sein. Entweder ist bei jeder Spielrunde ein anderes Kind der tonangebende Teilnehmer, oder es geht während einer Runde reihum. Dabei bettet jedes Kind eine Bewegungsform in den Ablauf der Geschichte ein. Dies wird so lange fortgesetzt, bis sich alle in einem entspannten oder zumindest ruhigen Zustand befinden.

## Achtung!

Die einzelnen Übungen sollten den körperlichen Voraussetzungen der Kinder entsprechen und diese nicht überfordern.

Dringend muss darauf geachtet werden, dass sämtliche Erzählteile auch von den Kindern verstanden werden, um den Zusammenhang der Geschichte und die Spannung zu erhalten. Hierfür können alle Möglichkeiten der Kommunikation einschließlich Gebärden und Pantomime verwendet werden.

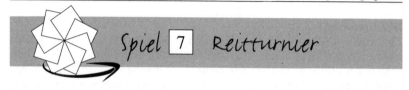

**Spiel 7   Reitturnier**

### Besonderheiten
Dieses Spiel kann sehr differenziert eingesetzt werden, da die Art und Weise der Durchführung durch Steigerung oder Abfall des Tempos eine anregende oder beruhigende Wirkung haben kann. Fantasie und Konzentration sind die tragenden Elemente.

Seine Lebendigkeit und die lustige Stimmung, die das Spiel erzeugt, machen das Reitturnier zu einer (nicht nur) bei Kindern sehr beliebten Abwechslung für zwischendurch.

### Voraussetzungen
Für das »Reitturnier« werden keinerlei Materialien benötigt. Die Anzahl der Spieler ist unbeschränkt.

### Beschreibung
Der Spielleiter vereinbart mit den Kindern Zeichen, durch die er verschiedene Hindernisse in einem Reitparcour ankündigt. So wird der *Oxer* beispielsweise durch gekreuzte Arme und der *Wassergraben* durch parallel vorgestreckte Arme angezeigt.

Nun müssen sich die »Reiter« noch einprägen, was sie an den entsprechenden Hindernissen machen müssen. Am *Oxer* könnte es die Aufgabe sein, weit in die Luft zu springen und sich dabei gegen die Stirn zu schlagen. Der Wassergraben kann durch Spielen der Finger an der Unterlippe und blubbernde Geräusche »überwunden« werden.

Hier sind der Fantasie keine Grenzen gesetzt!

### Beispiele:

| Hindernis | Symbol | Art der »Überwindung« |
|---|---|---|
| Oxer | gekreuzte Arme zeigen | in die Luft springen und mit der Hand gegen die Stirn schlagen |
| Doppeloxer | gekreuzte Arme zwei Mal anzeigen | zwei Mal in die Luft springen und zwei Mal mit der Hand gegen die Stirn schlagen |
| Wassergraben | Arme parallel nach vorne strecken | Mit den Fingern an der Unterlippe spielen und dabei »blubbern» |
| scharfe Kurve | nach rechts: mit rechtem Daumen nach rechts zeigen nach links: mit linkem Daumen nach links zeigen | Zeigefinger und Oberkörper beugt sich stark nach rechts/links |
| Sprung-kombination | mit den Fingern anzeigen, aus wie vielen Sprüngen die Kombination besteht | Entsprechend der Sprunganzahl wie ein Frosch in die Höhe springen |

Wenn die Kinder sich die Symbole und die »Überwindungsart« gut einge-
prägt haben, kann das gemeinsame Reitturnier beginnen.
Der Spielleiter »reitet« in leichtem Trab (langsames regelmäßiges Klop-
fen mit dem Zeigefinger oder der ganzen Hand auf die Tischfläche) los.
Alle »Reiter« folgen ihm, indem sie ihn genau imitieren. Langsam steigert
sich das Tempo, das Trommeln wird schneller und lauter. Dann zeigt der
Spielleiter das erste Hindernis an. Die Kinder müssen nun sofort die entsprechenden vereinbarten Aktivitäten durchführen.
Hierbei entstehen lustige Situationen, wenn möglichst schnell in Tempo,
Anordnung und Ausführungsintensität der Hindernisse gewechselt wird.
Dazwischen sollte aber immer eine ruhigere Phase des Trabes oder des
Galopps eingeschaltet werden, um wieder einen gemeinsamen Rhythmus
zu finden. Abschließend sollte das Turnier mit einem erschöpften und ruhigen Schritttempo zu den Pferdeboxen und nachfolgender Siegerehrung
(z.b. ineinandergelegte Hände neben dem Kopf schütteln). Dies führt zu
einer positiven und entspannten Atmosphäre.

**Variationen**
Ist der Spielverlauf bekannt, kann die Leitung des Reitturniers von einem
Kind übernommen werden.
Weiterhin sollten immer wieder neue Symbole eingesetzt werden. Lustig
wird das Spiel besonders dann, wenn Signale verwechselt werden und
einige der Teilnehmer andere Bewegungen als der Rest der Gruppe
durchführen. Wenn die Kinder möchten, kann man jedes Signal mit einem
bestimmten Geräusch verknüpfen. Falls Symbole verwechselt werden,
wird es lustiger, da plötzlich gebrummt wird, wenn eigentlich gequietscht
werden sollte.

**Achtung!**
Das Spiel bleibt nur dann interessant und spannend, wenn häufig in den
Aktionen gewechselt wird, und der Spielleiter das Tempo variiert. Es sollte
ruhig erlaubt sein, dass die Kinder unbestimmte Geräusche produzieren
und etwas lauter werden (z.B. bei schnellem Galopp ein heftiges Schlagen
auf die Tischkante aber immer im gleichen Rhythmus).
Den Kindern sollte verdeutlicht werden, dass das Ziel ein möglichst gemeinsames Überwinden der Hindernisse ist, um ein völliges Durcheinander zu vermeiden. Hierfür ist es notwendig, die volle Aufmerksamkeit dem
momentanen Spielleiter zukommen zu lassen.

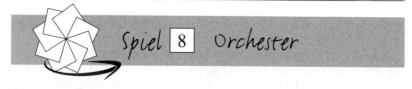

**Spiel 8 Orchester**

## Besonderheiten
Bei diesem Spiel ist es erlaubt, die korrekte Artikulation zu vernachlässigen und stattdessen beliebige Geräusche und Laute zu produzieren. Lust am Lautieren und eine kräftige Stimmgebung werden angezielt. Außerdem unterstützt die intensivierte Atmung die Entspannungsreaktion.

## Voraussetzungen
Die Anzahl der Mitspieler ist unbeschränkt. Es wird – außer Fantasie – kein Material benötigt.

## Beschreibung
Der Spielleiter agiert als Dirigent für sein Orchester. Jedes Kind wählt sich ein Instrument, das es spielen möchte. Dieses muss es während der folgenden Orchesterprobe pantomimisch darstellen und ein selbsterfundenes Geräusch dazu erzeugen. Der Spielleiter hört sich zu Beginn alle Instrumente einzeln an. Mit Hilfe von Mimik und Pantomime wird das Instrument gestimmt. Anschließend versuchen alle, gemeinsam ein Stück zu spielen. Dabei dirigiert der Spielleiter  mal langsamer, mal schneller, und die Musiker spielen ihr Instrument entsprechend dieser Vorgaben. Lustig wird es, wenn der Dirigent häufig variiert und etwas ausgefallener dirigiert. Am Schluss sollte das Orchesterstück langsam und leise ausklingen.

## Variationen
Wenn das Orchester gut eingespielt ist, können die Mitspieler ihre Instrumente tauschen. Dabei muss dem Nachbarn natürlich erst einmal gezeigt werden, wie auf dem Instrument gespielt werden kann, und welches Geräusch es erzeugt.
Spaß macht es auch, ein bekanntes Kinderlied gemeinsam zu »spielen«.
Im Verlauf der »Orchesterprobe« sollten alle Musiker auch einmal als Dirigent eingesetzt werden.

**Spiel 9 Maschinenbau**

## Besonderheiten
Bei diesem Spiel stehen Körperkontakt und Körpergefühl im Mittelpunkt. Es bildet daher einen guten Übergang zur Kategorie der Spiele zur Körperwahrnehmung. Die Durchführung des Spiels lässt sich problemlos an den Voraussetzungen der Mitspieler ausrichten.

## Voraussetzungen
Am »Maschinenbau« können beliebig viele Kinder teilnehmen. Es ist kein Material notwendig.

## Beschreibung
Anfangs wird innerhalb der Gruppe ein Baumeister bestimmt. Dieser stellt sich nun eine Fantasiemaschine aus den Mitspielern zusammen. Er fängt mit einem Kind an, dem er einen bestimmten Bewegungsablauf zuweist, den es ab sofort durchführen muss. Günstig sind grobmotorische Bewegungen wie das Bein heben und wieder abstellen oder in die Hocke gehen und wieder aufstehen. Anschließend werden alle anderen Kinder angebaut. Sie müssen ihren nächsten Nachbarn mit irgendeinem Körperteil berühren, und jeder sollte eine andere Bewegung ausführen. Die gesamte Gruppe erscheint dann wie eine große Maschine, die gut in sich abgestimmt arbeitet. Der Baumeister kann nun durch vorher bestimmte Zeichen entscheiden, ob die Maschine schneller arbeiten soll oder langsamer. Wird einem der Mitspieler die zugewiesene Bewegung oder Haltung zu anstrengend, kann das »defekte« Teil einfach den Oberkörper hängen lassen. Dadurch setzen natürlich alle anderen Maschinenteile ebenfalls sofort ihre Arbeit aus, da ein Verbindungsstück fehlt. Dies ist das Zeichen dafür, dass die Maschine umgebaut werden muss. Dies kann nun der »defekte« Mitspieler als neuer Baumeister durchführen. Somit wechselt die Gruppe ständig ihre leitende Figur, und jedes Kind kann einmal als Teil eines Ganzen oder als Spielleiter tätig sein.

## Variationen
Die Bewegungen, die die Maschine ausführt, können entweder den ganzen Körper mit einbeziehen oder nur bestimmte Körperteile. Dies sollte vor allem bei kleineren und schwächeren Kindern vorgezogen werden, da Ganzkörperbewegungen über einen längeren Zeitraum hinweg sehr kräftezehrend sind.
Eine weitere Erleichterung ist es, wenn die Maschine zuerst zusammengebaut wird und anschließend die Bewegungsabläufe ausgeführt werden.

So wird eine Überanstrengung der ersten »Maschinenteile« vermieden.
Rhythmus- und Tempovariationen sind einzubauen, da diese den Verlauf
spannender und lustiger gestalten.

**Achtung!**
Der Gruppenleiter sollte immer auf die Belastbarkeit der Kinder achten,
weil jüngere Teilnehmer leicht ihre Kräfte überschätzen. Da aber erfahrungsgemäß viele Kinder die Maschine gerne selbst umbauen möchten,
wird sich sicherlich schnell ein »defektes« Teil finden.

## Kategorie 3: Spiele zur Körperwahrnehmung

Diese Kategorie von Entspannungsspielen geht von einer Wirkung aus,
an der auch viele therapeutische Maßnahmen ansetzen. Wahrnehmungs-
übungen und Aufgaben zur Entwicklung eines differenzierten Körpergefühls sind Grundlagen vieler Entspannungsverfahren.
Im Allgemeinen wird Wahrnehmung mit unseren fünf Sinnen assoziiert.
Hören, Sehen, Riechen, Schmecken und Fühlen sind die Grundlagen unseres Umweltkontaktes.
Jedoch existieren noch weitere Wahrnehmungskanäle. Sacks bezeichnet
sie als »verborgene Sinne« (1997, 104). Hierzu gehört unter anderem die
»Eigenwahrnehmung«. Diese ist für die Ausrichtung des Körpers im Raum,
das Gleichgewicht und die Wahrnehmung der Stellung einzelner Gliedmaßen zueinander grundlegend.
»Spiele zur Körperwahrnehmung« können bei hörgeschädigten Kindern
einen großen Beitrag zum Ausgleich der eingeschränkten sinnlichen Wahrnehmung leisten. Sie können lernen, ihre unbeeinträchtigten Sinne voll
auszunützen und zu einem besseren Körpergefühl zu gelangen.
Spielen alle Sinne des Menschen in einem harmonischen Verhältnis zusammen, so spricht man von einem guten Körpergefühl oder positiven
Körperbild. Dieses Empfinden ist vielen Kindern heutzutage abhanden
gekommen, oft konnte es gar nicht entwickelt werden.
Spiele, die die Wahrnehmung durch Sinnesreize ansprechen, dienen aus-
gezeichnet der Schulung dieses Gefühls. Sie wirken harmonisierend, bilden ein Bewusstsein für die eigenen Wahrnehmungsmöglichkeiten und
konzentrieren die Energien des Kindes auf den eigenen Körper.
Voraussetzung für den Einsatz von Wahrnehmungsspielen ist eine gewisser
Grad an Entspannung. Sind im Kind zu starke Energien angestaut, fällt es
schwer, sich auf die wenig eindrucksstarken Wahrnehmungen zu konzentrieren. In diesem Fall sollten Bewegungsspiele vorgeschaltet werden.

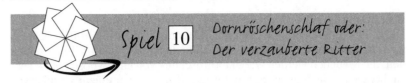

**Spiel 10** Dornröschenschlaf oder: Der verzauberte Ritter

**Besonderheiten**
»Dornröschenschlaf« (oder: »Der verzauberte Ritter«) ist ein ruhiges Spiel, das nur eingesetzt werden sollte, wenn die Kinder bereits zu einer gewissen Ausgeglichenheit gefunden haben. Befinden sich die Kinder in einem ausgeprägten Zustand der Erregung oder unter starkem Bewegungsdrang, sollte ein Spiel zum Abbau von Unruhe vorangeschaltet werden. Das Spiel ist besonders für jüngere Kinder sehr gut geeignet, da diese von sich aus gerne schlafen spielen wollen. Bei älteren Mitspielern ist vorab auf eine passende Motivation zu achten, da dieses Spiel sonst leicht als kindisch abgetan werden könnte. In einer solchen Situation ist der Spielleiter mit seinem Animationstalent gefordert!

**Voraussetzungen**
Es sind wenige Materialien nötig, die individuell ausgesucht werden können (z.B. Pinsel, Klangholz, Parfüm, Obstschalen u.v.a.m.). Die Gruppengröße ist beliebig.

*Die »gute Fee« wandert von Kind zu Kind und entzaubert sie mit einem Duft.*

**Beschreibung**
Durch den Spielleiter sollte eine kleine fantasievolle Einführung gegeben werden. Zum Beispiel könnten sich alle Kinder auf einem Schloss befinden, die Mädchen werden wie»Dornröschen«von einer»bösen Fee«verzaubert, und die Jungen, nun natürlich»Ritter«, von einem»Zauberer« verhext. Alle fallen daraufhin in einen tiefen Schlaf und liegen verstreut auf dem Boden, wenn möglich mit geschlossenen Augen. Der Bann kann nur durch einen vorher bestimmten Schlüsselreiz (Duft, Klang, taktile Empfindung ...) gebrochen werden. Der Spielleiter wandert als»gute Fee«von Kind zu Kind und bietet ihnen den Reiz an. Wird dieser wahrgenommen, darf das Kind seine Augen öffnen und sich aufsetzen.

Das Liegen auf dem Boden (die bequemste Position darf frei gewählt werden) und das Schließen der Augen führt zu einer sehr ruhigen Atmosphäre, in der die Kinder leicht in eine entspannte Stimmung gelangen können. Manche von ihnen genießen diesen ruhigen Zustand richtiggehend, da weder Augen noch Ohren beansprucht werden und stattdessen einer der weniger beachteten Sinne, wie der Geruchssinn, im Mittelpunkt steht.

**Variationen**
Bei diesem Spiel ist es sehr wichtig, die Ausführung häufig zu variieren, da sonst der Anreiz verloren geht. Oft reichen aber schon Änderungen der Schlüsselreize. Wurden beim ersten Mal verschiedene Obstdüfte angeboten, können nun Süßigkeiten oder Gewürze verwendet werden.

Bei unruhigen Kindern kann es hilfreich sein, den Spielverlauf etwas zu beschleunigen und die Ruhephase dadurch zu verkürzen. Hierfür bietet es sich an, dass nicht nur *eine*»Fee« entzaubert, sondern dass sich die Entzauberung nach allen Seiten ausbreitet. Eine gute Fee beginnt, und alle aufgeweckten Kinder dürfen zusätzlich den Bann bei den anderen Kindern lösen.

**Achtung!**
Unentbehrlich ist es, *vor* Spielbeginn klar und deutlich festzulegen, was die Kinder machen sollen, die schon entzaubert wurden. Sie können langsam einen großen Kreis um die noch verzauberten Kinder bilden, sich an die»Fee« anhängen oder ebenfalls Kinder entzaubern. Bekommen die Kinder keine Aufgabe, kann es zu Unruhe kommen.

Spiel 11 Telegrafieren

**Besonderheiten**
Bei diesem Spiel stehen Konzentrationsvermögen und Tastsinn im Mittelpunkt. Die Kinder lernen, bereits auf kleine Bewegungen oder Druckänderungen an den Händen zu reagieren. Somit trägt das Spiel auch zur Förderung der Körperwahrnehmung bei. Durch das ruhige Stehen oder Sitzen im Kreis verbreitet es schnell eine entspannte Atmosphäre.

**Voraussetzungen**
Es können beliebig viele Kinder teilnehmen, jedoch steigt der Schwierigkeitsgrad des Spieles mit steigender Teilnehmerzahl. Materialien werden nicht benötigt.

**Beschreibung**
Alle Teilnehmer stehen oder sitzen im Kreis und halten die Hände ihrer Nachbarn. Im Spielverlauf soll ein »geheimes Telegramm«, das aus einem leichten Händedruck besteht, von Spieler zu Spieler weitergegeben werden. Ein Detektiv steht in der Mitte des Kreises. Er hat die Aufgabe, das »Telegramm« aufzuspüren. Ein Kind beginnt mit den Worten »Ich schicke ein Telegramm an XXX« und nennt den Namen eines Mitspielers. Indem es einem seiner beiden Nachbarn die Hand leicht und möglichst unsichtbar drückt, wird das »Telegramm« in diese Richtung losgeschickt. Jeder Mitspieler leitet nun das Telegramm weiter, sobald er es von seinem Nachbarn erhalten hat. Ist es bei der Zielperson angelangt, so ruft diese »angekommen!«. Der »Detektiv« versucht festzustellen, wo sich das »Telegramm« gerade befindet und die Weiterleitung zu unterbrechen. Entdeckt er einen Handdruck, so muss der Teilnehmer, der zuletzt gedrückt hat, in die Mitte des Kreises. Der vorherige Detektiv darf nun das nächste Telegramm abschicken.

**Variationen**
Es können auch zwei »Telegramme« von verschiedenen Personen gleichzeitig verschickt werden. Die Chance hierbei, den Sendevorgang zu erspähen, ist höher. Für die übrigen Gruppenmitglieder wird es schwieriger, beim Überkreuzen von »Telegrammen« den Überblick nicht zu verlieren.

**Achtung!**
Die Hände müssen frei sichtbar sein, um das Aufschnappen von »Telegrammen« zu ermöglichen. Gelegentlich drücken Kinder ihre Fingernägel zu tief in die Handfläche ihres Nachbarn. Das sollte von vornherein als verboten gelten.

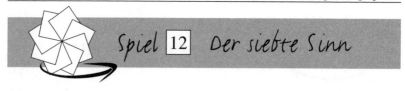

Spiel 12   Der siebte Sinn

## Besonderheiten

Dieses Spiel zeichnet sich durch eine extrem hohe Entspannungswirkung aus, da es die meist beanspruchten Sinne Hören und Sehen vernachlässigt und sich vollkommen so genannte »good vibrations« zwischen Personen konzentriert.

## Voraussetzungen

Für dieses Spiel sind, außer unter Umständen eine Augenbinde, keine Materialien notwendig.
Die Kinder der Spielgruppe sollten sich kennen und Sympathien für einander hegen.

## Beschreibung

Die Kinder stehen zusammen mit dem Spielleiter in einem lockeren Kreis mit Blick zueinander. Ein ausgewählter Mitspieler hält die Augen geschlossen oder bekommt diese mit einem Tuch verbunden. Ein Kind aus dem Kreis bewegt sich nun langsam auf den »blinden« Mitspieler zu, bleibt einige Sekunden ganz dicht vor diesem stehen und entfernt sich dann wieder. Das Kind mit den geschlossenen Augen versucht seinen »siebten Sinn« einzuschalten und zu erspüren, wann sein Partner ganz nahe bei ihm steht. Gelingt ihm dies, bevor sich sein Gegenüber wieder zurückzieht, so hat es die Prüfung bestanden. Falls nicht, kann das Paar noch einen weiteren Versuch wagen, wenn es will, oder die Rollen werden getauscht. Anschließend können sich weitere Kinder melden, die auch ihren »siebten Sinn« erproben möchten.

## Variationen

Kinder, die nicht so gerne ihre Augen schließen möchten, können probieren, ob die Nähe eines Anderen auch mit dem Rücken erfühlt werden kann.
Im kleinen Spielkreis macht es auch Spaß, zusätzlich zu erraten, wer sich einem genähert hat.

## Achtung!

Da hier mit geschlossenen Augen gespielt wird, muss ein gewisses Vertrauen in der Gruppe vorhanden sein. Die Kinder sollten vorher testen können, wie das Spiel funktioniert und wie sie die Nähe einer anderen Person spüren können. Dies sollte auf jeden Fall zuerst mit geöffneten Augen geschehen, die dann geschlossen werden, wenn sich der Partner dicht vor dem eigenen Körper befindet, um ein Gefühl für diese Annäherung zu entwickeln.

Der Spielleiter muss außerdem Zeichen vereinbaren, wann die Augen geschlossen und bei welcher Berührung eines Nachbarn die Augen wieder geöffnet werden sollen (wenn das Kind die Phase der dichtesten Annäherung nicht gefühlt hat).

**Spiel 13 Spiegelbild**

## Variationen

Dieses Spiel wird häufig von Theatergruppen zum Einspielen benutzt. Man lernt hierbei, auf die andere Person zu achten und die eigenen Körperbewegungen bewusst wahrzunehmen. Die Bewegungen werden fließender und ruhiger, allmählich findet auch die Atmung einen langsameren Rhythmus, was zu einem regelmäßigeren und ruhigeren Puls führt.

## Voraussetzungen

Das Spiel kann in Paaren, mit der ganzen Gruppe oder einem Teil der Gruppe durchgeführt werden. Materialien und Vorbereitungen sind nicht notwendig.

## Beschreibung

Die Kinder finden sich zu Paaren zusammen. Je Paar wird ein Partner bestimmt, der in der folgenden Spielrunde das »Spiegelbild« des anderen Kindes darstellen soll, indem es alle Bewegungen so gleichzeitig und so gut wie möglich (spiegelbildlich) nachahmt. Der Spielleiter gibt ein Thema vor. Eine Möglichkeit wäre »Morgens nach dem Aufstehen«. Auf ein Zeichen hin versuchen alle »Spiegelbilder« der pantomimischen Darstellung des Partners zu folgen und sämtliche Bewegungen sowie Mimik und Gestik zu imitieren ganz so, wie ein wirklicher Spiegel. Vor Spielbeginn muss jedoch besprochen werden, dass zu schnelle und hektische Bewegungen nicht nachgeahmt werden können. Die Ausführungen sollten ruhig und gleichmäßig erfolgen. Nach kurzer Zeit gibt der Leiter das Zeichen zum Rollentausch. Das gleiche Thema wird nun vom anderen Mitspieler dargestellt. Anschließend kann darüber gesprochen werden, wie die Kinder die verschiedenen Rollen empfunden haben.

## Variationen

Ein breites Variationsspektrum wird bereits durch die Auswahl der Themen ermöglicht. Der Spielleiter sollte auf regelmäßigen Partnertausch achten. Es können auch mehrere Paare im Wettkampf gegeneinander antreten: Zwei bis drei Paare führen gleichzeitig ihre Darstellung eines Themas mit Spiegelbild vor. Die restlichen Teilnehmer der Spielgruppe bewerten im Anschluss die allgemeine Umsetzung des Themas, die Synchronität, den Ausdruck etc., etwa wie bei einem Synchronschwimmwettbewerb. Anschließend werden neue Paare ausgewählt.
Eine spannende und anspruchsvolle Variation ergibt sich, wenn »Führer« und »Spiegelbild« nicht festgelegt werden, sondern diese Rollen ständig

zwischen den Partnern wechseln, ohne dass dabei gesprochen wird! Hierbei sind gute Verständigung mit den Augen, exakte Beobachtungsgabe und Einfühlungsvermögen von beiden Teilnehmern und langsame fließende Bewegungen besonders wichtig.

Das Spiel »Spiegelbild« kann auch als Gruppenspiel durchgeführt werden. Hierbei muss eine Hälfte der Gruppe die Bewegungen der anderen Gruppenhälfte imitieren. Dies wird besonders spannend, wenn Platzwechsel von einigen Personen oder Kontaktaufnahmen innerhalb der vormachenden Gruppe ausprobiert werden.

**Achtung!**
Die Themenwahl sollte abwechslungsreich und dem Alter der Kinder angepasst sein. Die Szenen sollten nicht zu lang beibehalten werden, um Langeweile zu vermeiden.

Für ältere Kinder kann der Schwierigkeitsgrad erhöht werden, indem das Ziel gesetzt wird, dass sich die Paare/Gruppen am Schluss absolut im Gleichklang befinden.

Ferner sollte darauf geachtet werden, dass wildere Kinder keine gefährlichen Turnübungen vollführen, aus denen Verletzungen resultieren könnten.

Spiel 14 Filmszene

## Besonderheiten
Es handelt sich um ein sehr gruppenintensives Spiel, bei dem sorgfältig auf die Partner geachtet werden muss und nonverbale Kommunikation eine wesentliche Rolle spielt.

## Voraussetzungen
Es werden keine Materialien oder besondere Vorbereitungen benötigt. Vorteilhaft wäre eine nicht zu große Gruppe. Ca. acht Mitspieler haben sich als ideal erwiesen.

## Beschreibung
Ein Mitspieler wird aus dem Raum geschickt. Der Rest der Gruppe bekommt ein Thema, das pantomimisch als kurze Filmszene dargestellt werden soll, z.b. »Bei einem Autounfall« oder »Am Geburtstag«. Die Mitglieder der Schauspielgruppe dürfen jedoch nicht absprechen, wie die Szene gestaltet werden soll und wer welche Rolle übernimmt. Unmittelbar nach der Themenvergabe wird der Mitspieler von draußen hereingeholt. Er darf sich nun die Filmszene anschauen, die vor seinen Augen entsteht, und muss enträtseln, welchen Zusammenhang die Gruppe für ihn darstellt. Die Schauspieler müssen bei ihrer spontanen Improvisation genau aufeinander achten, um es dem Ratenden zu ermöglichen, das Thema herauszufinden. Anschließend dürfen andere Kinder versuchen, neue Filmszenen zu erraten.

## Variationen
Man kann dieses Spiel auch als kleinen Wettkampf austragen, indem zwei Kinder versuchen herauszufinden, welche Filmszene ihnen vorgespielt wird. Der Mitspieler, der als erster auf das Thema kommt, darf bei der nächsten Runde bei der pantomimischen Darstellung mitmachen und einen Mitspieler bestimmen, der zusammen mit dem Übriggebliebenen vor die Tür muss.

## Achtung!
Der Spielleiter sollte darauf achten, dass kein Kind zu lange die Szenen erraten muss. Durch die Auswahl der Themen kann der Spielleiter regulieren, ob ein eher ruhiger oder ein anregender Spielverlauf gewünscht ist. Es darf aber auch ruhig Lustiges eingebaut werden, um den kindgerechten Charakter des Spiels nicht zu verlieren.

Spiel 15 Marionettenspieler

## Besonderheiten
Bei diesem Spiel sind Körpergefühl und Konzentration auf den Partner die wichtigsten Elemente. Da das Spiel die Körperwahrnehmung stark fördert, dient es besonders zur Vorbereitung auf Massagespiele, zur taktilen Förderung oder auch für gezielte Entspannungsübungen im Anschluss an das Spiel. Die Teilnehmer sollten sich bereits in einer ruhigen Grundstimmung befinden.

## Voraussetzungen
Es müssen keinerlei Vorbereitungen getroffen werden. Da es sich um ein Partnerspiel handelt, können vorher die Paare wie in Spiel Nr. 5 »Tierpaare« gebildet werden.

## Beschreibung
Ein Partner stellt eine »Marionette« dar, der andere den »Marionettenspieler«.
Die »Marionette« liegt oder sitzt zu Beginn des Spieles zusammengesunken auf dem Boden. Der »Marionettenspieler« probiert nun als Erstes, die verschiedenen imaginären Fäden an Armgelenken, Händen, Knien, Füßen, Po und Kopf der »Marionette« aus. Hierbei ist konzentrierte und bedächtige Zusammenarbeit der beiden Partner notwendig, denn die »Marionette« muss sich mit den entsprechenden Gliedmaßen genau parallel zur fadenführenden Hand des »Marionettenspielers« bewegen. Die Steuerung von Einzelbewegungen sollte ausgiebig geübt werden, bevor komplexere Bewegungsabläufe ausprobiert werden. Gelingen separate Bewegungen gut, kann damit begonnen werden, die »Marionette« aufzurichten und im Raum herumlaufen zu lassen.
Fortgeschrittene »Marionettenspieler« können die Aufgabe bekommen, mit ihrer »Marionette« ein bestimmtes Ziel zu erreichen, zudem sowohl vorwärts als auch rückwärts gegangen werden muss. Besonders schwierig wird es, wenn die »Marionette« beispielsweise etwas vom Boden aufheben soll.

## Variationen
Es können entweder alle Kinder in Paaren versuchen, die »Puppen tanzen zu lassen«, oder ein Paar führt es innerhalb eines Sitzkreises den übrigen Gruppenmitgliedern vor. Anschließend wird das vorführende Paar ausgewechselt.

Mit geübten Spielern können die Aufgabenstellungen anspruchsvoll variiert werden. Lustig wird es, wenn z.B. mehrere »Marionetten« sich begegnen und gegenseitig Hände schütteln sollen. Schwierig ist es auch, sich mit der »Marionette« rasch fortzubewegen, ohne eine andere Marionette zu berühren. Profis können probieren, sich eine Marionette gegenseitig zu übergeben, ohne dass diese ihre momentane Lage ändert.

**Achtung!**
Die Kinder sollten nicht zu lange eine Rolle übernehmen müssen, da es sehr anstrengend werden kann, in unbequemer Position als »Marionette« über längere Zeit zu verharren.

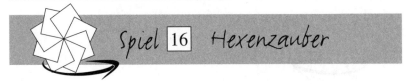

Spiel 16 Hexenzauber

## Besonderheiten
Vor allem nach lebhaften Übungen oder Spielen, bei denen die Kinder frei im Raum umher laufen, ist es oft schwierig, alle in einem ruhigen Zustand wieder zu ihren Plätzen zu führen. Für einen derartigen Einsatz eignet sich Hexenzauber optimal. Es kann spontan zwischen verschiedenen Spielen eingesetzt werden, da es sehr kurz ist und ohne Vorbereitung durchgeführt werden kann.

## Voraussetzungen
Es sind weder Materialien noch Vorbereitungen notwendig.

## Beschreibung
Die Kinder bewegen sich frei im Raum. Ein »Hexenmeister« geht umher und berührt jeden Mitspieler an zwei verschiedenen Körperstellen. Diese sollten möglichst unterschiedlich sein, damit etwas Abwechslung vorhanden ist. Die »verhexten« Teilnehmer fassen sich an die »Zauberstellen« und folgen dem »Hexenmeister«. Laufen alle still in einer Schlange hintereinander, beginnt die Entzauberung. Der »Hexenmeister« erlöst das erste Kind hinter sich, indem er es wiederum an den gleichen Stellen wie vorher berührt. Das erlöste Kind darf sich nun strecken und recken, atmet tief ein und aus und entzaubert das nachfolgende Kind. Die wieder frei gewordenen Mitspieler dürfen sich nun still auf ihre Plätze setzen.

## Variationen
Etwas schneller wird das Spiel, wenn es eine gute und eine böse »Fee« gibt, wobei die »böse Fee« die Kinder verzaubert, indem sie sie berührt. Diese müssen dann so lange mit den Händen an den entsprechenden Stellen im Raum umhergehen, bis sie von der »guten Fee« durch Berührung wieder entzaubert werden.
Eine derartige Variante lässt bei Kindern mehr Gefühl für ihren Körper entstehen, die beiden »Feen« kommen gleichzeitig ins Schwitzen, da es für sie darum geht, möglichst viele Kinder zu ver-/entzaubern. Je nach Tempo kann dieses Spiel also auch als Ausdauerspiel eingesetzt werden (z.B. im Sportförderunterricht).

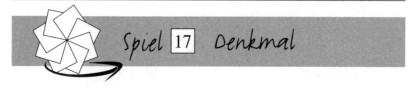

Spiel 17 Denkmal

**Besonderheiten**
Bei diesem Spiel werden Körpergefühl, Konzentration und exaktes Beobachten gefordert. Die Kindergruppe sollte nicht zu unruhig sein, da Wartezeiten notwendig sind.

**Voraussetzungen**
Für diese Spiel ist es notwendig, durch den Raum eine Leine zu spannen, über die ein Laken oder ein großes Tuch gelegt wird, das als Wand dienen soll. Die Anzahl der Teilnehmer ist nach obenhin unbeschränkt, es sollten aber mindestens sechs Kinder sein.
Dieses Spiel macht sowohl jüngeren als auch älteren Kindern Spaß.

**Beschreibung**
Die Teilnehmer werden in zwei Gruppen unterteilt. Jede Gruppe bestimmt einen »Bildhauer«. Gruppe 1 wird von ihrem »Bildhauer« hinter der Lakenwand – für die anderen unsichtbar – als fantasievolles Denkmal gestaltet. Hierfür stellt dieser seine Gruppenmitglieder in bestimmte Positionen, lässt sie ein Bein heben oder einen Arm auf den Nachbarn legen usw. Das fertige Denkmal sollte dabei in Richtung des Lakens schauen. Ist das Werk vollendet, bekommt Gruppe 2 ein Zeichen. Diese schickt ihren »Bildhauer« hinter das Laken, damit er sich das Denkmal etwa eine Minute genau betrachtet. Er muss sich sämtliche Positionen genau einprägen. Anschließend versucht er, das Denkmal mit der eigenen Gruppe auf der anderen Seite des Lakens spiegelverkehrt zu kopieren, indem er seine Mitspieler entsprechend arrangiert. Zeigt er an, dass das Denkmal fertig ist, wird das Laken zur Seite geschoben, und die Gruppen vergleichen, ob die Fälschung gelungen ist. Eventuell können für Fehler Strafpunkte vergeben werden. Da es aber für jedes Gruppenklima besser ist, den Wettkampf beiseite zu lassen, ist dies nicht unbedingt empfehlenswert. Außerdem ist das Ziel, genauso wie die andere Gruppe zu stehen, meist schon Ansporn genug.

**Variationen**
Einfacher ist das Spiel, wenn es ohne »Bildhauer« durchgeführt wird. Hierfür stellt sich die erste Gruppe gemeinsam als Denkmal auf. Die gesamte zweite Gruppe betrachtet dann das Ergebnis für kurze Zeit und versucht ebenfalls gemeinsam die Kopie.
Etwas aufwändiger, dafür aber auch reizvoll ist eine Spielvariante, bei der nicht nur *eine* Fälschung angefertigt wird, sondern von weiteren Gruppen

wiederum die Fälschungen kopiert werden. Dafür müssen mehrere Trennwände geschaffen werden, was voraussetzt, dass der vorhandene Raum groß genug ist. Besonders spannend ist, ob die dritte oder vierte Gruppe noch genauso angeordnet ist, wie das ursprüngliche Denkmal.

**Achtung!**
Als Spielleiter sollte man darauf achten, dass keine zu anstrengenden oder ungesunden Verrenkungen entstehen, da es sonst leicht zu Verspannungen oder Schmerzen kommen kann. Im Anschluss an das Spiel empfehlen sich Lockerungsübungen.
Bei unruhigen Gruppen sollte der Spielleiter vorher klären, was die wartenden Kinder während der Gestaltung des Denkmals machen. Unter Umständen können sie sich ihrerseits bereits ein eigenes Denkmal für die nächste Spielrunde entwerfen und erproben.

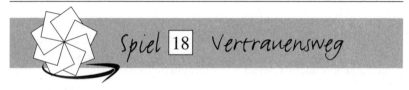

**Spiel 18  Vertrauensweg**

## Besonderheiten
Dieses Spiel schult Kooperation, Vertrauen und verantwortungsbewusstes Verhalten. Rollenwechsel fördern die Identifikation mit den Gefühlen des Spielpartners.

## Voraussetzungen
Bei diesem Paarspiel sollten sich die Partner entweder gut kennen oder auf jeden Fall Vertrauen entgegenbringen.
Es werden einige Gegenstände benötigt, die als Hindernisse dienen können, aber nicht gefährlich sind. Hierfür eignen sich zum Beispiel Teppichfliesen, Luftballons, kurze Holzbalkenstücke o.ä.
Ferner sollten einige Augenbinden bereit liegen.

## Beschreibung
Die Hindernisse werden durcheinander auf dem Boden verteilt. Zur Einstimmung bewegen sich die Kinder frei im Raum und weichen dabei den Gegenständen aus. Anschließend fassen sie ihren Partner an einer Hand und umwandern gemeinsam die Hindernisse. Das Gleiche wird als Zielform nun so versucht, dass ein Partner die Augen geschlossen hat, während er vom anderen durch den Raum geführt wird. Hilfreich kann es sein, wenn das führende Kind seinen Partner an beiden Händen nimmt und selbst rückwärts geht.
Dabei ist es besonders wichtig, ein gemeinsames langsames Tempo zu finden und keine ruckartigen oder schnellen Bewegungen zu machen. Es dürfen weder die Hindernisse, noch die anderen Paare berührt werden. Auf ein festgelegtes Signal hin öffnen die blinden Partner die Augen, und die Rollen werden getauscht.

## Variationen
Abwechslungsreicher und spannender ist das Spiel, wenn z.B. Teppichfliesen nicht als Hindernisse, sondern als Brückenstücke betrachtet werden. Auch diese Variante sollten die Kinder zunächst alleine, dann mit sehendem Partner und erst zum Schluss mit dem »blinden« Mitspieler ausprobieren. Hierbei wird es notwendig, dass der »Führer« eng hinter dem »blinden« Kind geht und es vorsichtig und langsam mit dem gesamten Körper in die richtige Richtung weist. Die Kinder können auch Signale ausmachen (z.B. mit dem Finger am Arm hoch oder runter streichen), durch die der »blinde« Partner erfährt, ob er seinen Fuß heben oder senken soll. Hierbei sind Körpergefühl und Kooperation besonders gefordert.

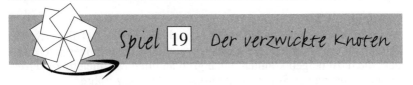

**Spiel 19 Der verzwickte Knoten**

**Besonderheiten**
Bei diesem Spiel steht eine gute Kooperation der Gruppenmitglieder im Mittelpunkt. Die Mitspieler lernen, aufeinander einzugehen und kleine Hinweise der anderen Teilnehmer zu deuten. Lagebeziehungen des eigenen Körpers zum Raum und zu den anderen Kindern werden geschult.

**Voraussetzungen**
Es wird keinerlei Material benötigt.

**Beschreibung**
Alle Teilnehmer stellen sich in einem lockeren großen Kreis auf. Sie heben ihre Hände und gehen langsam mit geschlossenen Augen auf die Mitte des Kreises zu. Dort versuchen sie nun, die Hände von anderen Mitspielern zu ergreifen. Je schwieriger diese erreichbar und je weiter diese weg sind, desto interessanter wird das anschließende Entwirren des entstandenen Knotens. Jedes Kind, das an beiden Händen einen Mitspieler hat, darf die Augen öffnen. Haben alle Kinder zwei andere Mitspieler fest an der Hand (es darf nicht zwei Mal die gleiche Person sein), beginnen sie sich durch kleine Zeichen und Mimik zu verständigen, wer wohin krabbeln, klettern oder durchkriechen muss, damit der Knoten aufgelöst wird. Diese kniffelige Aufgabe bedarf eines genauen Achtens auf die Bewegungen der übrigen Mitspieler, damit ein weiteres Verwirren vermieden wird. Das Ziel ist es, aus dem verzwickten Knoten einen Kreis zu bilden, bei dem sich alle an den Händen gefasst halten. Hierbei kann die Form eines Innenstirnkreises[1] nicht immer gelingen.

**Variationen**
Leichter ist das Entwirren des Durcheinanders, wenn das Kommando einer Person überlassen wird, die sich außerhalb des Knotens befindet.
Für die Einführung des Spiels eignet sich die Variante, dass ein Gruppenmitglied vor die Tür geschickt wird, die übrigen Teilnehmer fassen sich an den Händen und stellen einen künstlichen Knoten her. Der hereingeholte Mitspieler muss nun das Durcheinander in möglichst kurzer Zeit und ohne Verrenkungen der Teilnehmer wieder in Ordnung bringen.

---

[1] Unter Innenstirnkeis wird ein Kreis verstanden, bei dem alle Gruppenmitglieder in das Kreisinnere blicken.

**Achtung!**
Ausgekugelte Gelenke und blaue Flecken sind nicht das Ziel dieses Spiels.
Darauf sollten vor allem die etwas lebhafteren Kinder hingewiesen werden, die dazu neigen könnten, allzu grob an ihren Mitspielern zu zerren, um eine Lösung des Spiels möglichst schnell herbeizuführen.

## Kategorie 4: Kim-Spiele

Kim-Spiele stellen eine besondere Form der Wahrnehmungsspiele dar. Die Bezeichnung entstammt einem Roman von KIPLING (1983), der den Titel »Kim« trägt:
»Kim, ein dreizehnjähriger Junge in Indien, hat ein sehr bewegtes Leben. Eines Tages kommt er zu einem Händler [...]. Bei diesem Händler trifft er einen kleinen Hindu-Jungen, der die Fähigkeit besitzt, viele Gegenstände mit einem Blick zu erfassen und sich zu merken. Kim ärgert sich und bittet den Jungen, ihm zu helfen, diese Fähigkeit zu erwerben. Und so übt der Hindu-Junge jeden Tag mit ihm. Sie verwenden dazu Edelsteine, Kunstgegenstände und Kostbarkeiten, deren Namen Kim nicht kennt und die er dabei lernt. Nach einigen Tagen kann er es schon fast so gut wie sein

*Gerade längere Autofahrten sind für viele Kinder eine Qual. Kim-Spiele
verkürzen die Zeit und schaffen eine angeregte Atmosphäre.*

kleiner Lehrer. Doch da muss er weiterwandern zu neuen Abenteuern, bei denen ihm diese neuen Fertigkeiten helfen werden.« (DAUBLEBSKY 1988, 34)

Entsprechend dieser Geschichte ist es das Ziel aller Kim-Spiele, eine bestimmte Anzahl von Gegenständen zu betrachten, zu ertasten, zu riechen oder zu schmecken und sie sich fest einzuprägen. Nach einer gewissen Zeit, muss dann der Gedächtnisinhalt auf unterschiedliche Weise korrekt wiedergegeben werden.

Je jünger die Kinder sind, umso kürzer muss die Zeitspanne bis zum Aufzählen sein. Günstig ist es, wenn bei jedem Kim-Spiel jeweils nur *ein* Wahrnehmungsbereich angesprochen und trainiert wird. Dabei sollten die Möglichkeiten der Kim-Spiele genützt werden, auch andere Wahrnehmungskanäle als den visuellen zu betonen, da dieser im Alltag meist schon stark beansprucht wird.

Kim-Spiele eignen sich hervorragend zur Steigerung der Konzentrationsfähigkeit. Sie sind problemlos und flexibel einsetzbar, an jedem Ort und zu jeder Zeit. Auch auf langen Fahrten oder zur Überbrückung von Wartezeiten eignen sie sich hervorragend.

Allerdings sollten Kim-Spiele nicht als alleiniges Entspannungsverfahren verwendet werden. Sie dienen der Zentrierung auf Sinneswahrnehmungen und führen so zu Ruhe und Konzentration. Um eine tiefe Entspannungsreaktion zu erreichen, sollten sie stets durch Spiele ergänzt werden, in denen die Kinder auch kognitiv »loslassen« können.

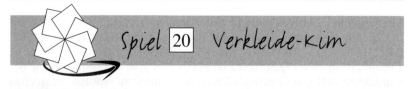

Spiel 20 Verkleide-Kim

## Besonderheiten

Bei diesem Spiel können die Kinder in eine fremde Rolle schlüpfen, sich verkleiden und sich dementsprechend benehmen und fühlen. Kinder haben gewöhnlich viel Spaß am Verkleiden und nehmen daher an derartigen Aktivitäten gerne teil. Durch das genaue Beobachten, das bei allen Kim-Spielen notwendig ist, wird die visuelle Wahrnehmung gestärkt und die Konzentrationsfähigkeit gefördert. Ferner wird die Merkfähigkeit verbessert.

Die gesamte Vorgehensweise leitet die Kinder auf ungezwungenem Wege zu einer ruhigen und entspannten Stimmung. Sie müssen beobachten, wahrnehmen, sich Dinge merken, vergleichen und haben schnell Erfolgserlebnisse. Da es sich um keine Wettkampfform handelt, wird ein Aggressionsaufbau vermieden.

## Voraussetzungen

Es sollten für alle Kinder ausreichend alte Kleidungsstücke oder Faschingsutensilien und eventuell Schminke vorhanden sein. Günstig wäre auch ein Stuhl für jedes Kind, jedoch nicht unbedingt notwendig.

Beim Verkleide-Kim können alle Kinder mitmachen und mitraten; auch altersgemischte Gruppen sind unproblematisch.

## Beschreibung

Die Kinder dürfen sich an einer großen Kiste mit alten Kleidungsstücken bedienen und nach Lust und Laune verkleiden oder schminken. Sind alle fertig, setzen sich die Mitspieler in einen Kreis. Jeder Teilnehmer muss nun genau betrachtet werden. Es ist wichtig, sich gut einzuprägen, wo und wie die verschiedenen Kleidungsstücke getragen werden: Welcher Schmuck wird getragen? Wie viele Knöpfe sind geschlossen/geöffnet? Sind die Schnürsenkel zu? Sitzt die Mütze gerade oder schief? Vieles andere mehr kann noch beobachtet werden!

Das Los entscheidet, wer bei dem Spiel beginnen darf. Das gewählte Kind wird vom Spielleiter nach draußen geführt. Dort werden an seinem Aussehen verschiedene Dinge verändert. Wieder im Raum müssen die verbliebenen Kinder herausfinden, was genau verfälscht wurde. Wenn die Mitspieler alles entdeckt haben, kommt das nächste Kind an die Reihe.

## Variationen

Eine lustige Variation ergibt sich, wenn sich die verkleidete Person zusätzlich noch in eine bestimmte Position begibt, die sie nach dem Hereinkommen wieder einnimmt und auch hierbei Kleinigkeiten verändert (z.B. Kopf auf die andere Seite legen o.ä.).

Eine besonders schwierige, aber auch spannende Variation entsteht, wenn die Veränderungen nicht an dem Mitspieler vor der Tür vorgenommen werden, sondern an den verbleibenden Kindern im Kreis. Der »Detektiv« muss sich dann das Aussehen aller anderen Kinder gut merken und die Veränderungen herausfinden. Gerade Wechsel in der Körperhaltung werden hierbei interessant.

**Achtung!**

Die Kinder sollten im Kreis sitzen, um eine ruhige Atmosphäre zu schaffen. Das »veränderte« Kind wird in die Mitte gestellt und muss sich langsam drehen, damit jeder Teilnehmer es von allen Seiten genau betrachten kann. Erst auf ein Zeichen vom Spielleiter hin dürfen die entdeckten Veränderungen genannt werden.

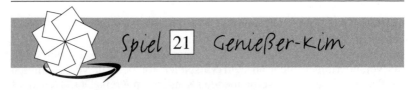

Spiel 21  Genießer-Kim

**Besonderheiten**
Geruchs- und Geschmackssinn werden in unserem Kulturkreis sehr wenig gefördert und eingesetzt. Doch gerade das Ausweichen auf einen anderen dominanten Sinn im Spiel kann zu einer entspannten Atmosphäre beitragen. In neueren Entspannungsmethoden beispielsweise nehmen ätherische Öle eine wichtige, die Therapie unterstützende Rolle ein.

**Voraussetzungen**
Für Genießer-Kim werden kleine gleichförmige Behälter mit geruchs- oder geschmacksintensiven Substanzen benötigt. Hierfür eignen sich Filmdöschen, Eierbecher oder kleine Gläser, die mit verschiedenen Duftstoffen (Gewürze, Mandarinenschalen, Tee, Hustenbonbons, etc) oder unterschiedlichen Fruchtsäften gefüllt werden. Ferner sollte eine Augenbinde vorhanden sein.
Die Kindergruppe sollte nicht zu groß sein, da nicht jedes Kind jederzeit beschäftigt ist.

**Beschreibung**
Es wird eine kleine Theke mit den Duft- bzw. Schmeckgefäßen aufgebaut. Ein Kind beginnt und darf mit verschlossenen Augen an allen Behältern riechen bzw. schmecken (ruhig auch mehrmals). Wenn es sicher ist, sich alles gemerkt zu haben, wird es aus dem Raum geschickt. Anschließend verändert die Gruppe die Anordnung der Gefäße, und es werden einige entfernt und/oder *neue* hinzugestellt. Der wieder hereingeholte Mitspieler muss nun erkennen, welche Düfte fehlen und welche neu dazugekommen sind.

**Variationen**
Je mehr Düfte angeboten werden, desto schwieriger wird das Einprägen. Deshalb sollte bei kleineren Kindern mit wenigen Riech- bzw. Schmeckangeboten begonnen werden. Für ältere Teilnehmer stehen viele Variationsmöglichkeiten zur Verfügung. Es kann zum Beispiel versucht werden, gemischte Düfte auseinander zu halten oder zumindest Teile zu erkennen.

Spiel 22 Hör-mal-Kim

**Besonderheiten**
Der Hörsinn muss bei hörgeschädigten Kinder in besonderem Maße gefördert werden. Auch viele sprachbehinderte Kinder haben Schwierigkeiten bei der auditiven Differenzierung. Hör-mal-Kim verbindet therapeutische Anliegen mit spielerischer Konzentration auf den beeinträchtigten Sinneskanal.
Die isolierte Hinwendung zu Höreindrücken wird von den Kindern gerne angenommen und oft als spannendes »Rätsel« empfunden.

**Voraussetzungen**
Für Hör-mal-Kim werden gleichförmige Behälter aus Holz, Kunststoff oder Glas mit Deckel benötigt. Hierfür eignen sich Filmdöschen, alte Gurken- oder Marmeladengläser oder Holzschachteln. In die Gefäße werden verschiedene Gegenstände wie Kiesel, Erde, Holzkugeln, Knöpfe, Glöckchen, etc. gefüllt. Wird mit durchsichtigen Gefäßen gespielt, dann sollte eine Augenbinde vorhanden sein.
Dieses Spiel ist auch für die Durchführung mit sehr wenigen Kindern interessant.

**Beschreibung**
Die Gefäße stehen nebeneinander auf einem Tisch. Ein Kind beginnt und darf alle Behälter neben dem Ohr schütteln. Teilnehmern mit einem geringen Hörvermögen werden bei der Unterscheidung der verschiedenen Gefäße auch die taktilen Eindrücke behilflich sein.
Wenn das Kind sicher ist, sich alles gemerkt zu haben, wird es aus dem Raum geschickt. Anschließend verändert die Gruppe die Anordnung der Gefäße oder es werden einige entfernt und/oder neue hinzugestellt. Der wieder hereingeholte Mitspieler muss nun entweder wieder die richtige Reihenfolge der Gefäße herstellen oder identifizieren, welcher Geräuschbehälter neu dazugekommen ist.

**Achtung!**
Behälter aus Glas zerspringen, wenn sie mit harten Gegenständen gefüllt heftig geschüttelt werden. Auf Kieselsteine sollte deshalb verzichtet werden!

Spiel 23  spür-mal-Kim

**Besonderheiten**
In diesem Spiel wird der Tastsinn verstärkt eingesetzt. Die Kinder lernen,
auf ihr Fingerspitzengefühl zu achten. Gerade der Tastsinn spielt bei vielen
Entspannungsverfahren eine grundlegende Rolle. Somit ist ein derartiges
Spiel eine optimale Ergänzung für Entspannungsübungen.

**Voraussetzungen**
Es werden weder Materialien noch Vorbereitungen benötigt. Dieses Spiel
ist auch mit sehr wenigen Kindern gut möglich, allerdings sollten die Spieler sich gut kennen und ein vertrautes Verhältnis zueinander haben.

**Beschreibung**
Die Kinder prägen sich die Körperformen, Gesichter oder Hände der Mitspieler durch Abtasten mit den eigenen Händen ein. Nun schließt ein Kind
seine Augen und einige der Teilnehmer treten vor es hin. Durch konzen-
triertes Abtasten soll die jeweilige Person erraten werden.

**Variationen**
Für ältere Mitspieler ist das Erraten durch Abtasten des Körpers oder Ge-
sichtes normalerweise kein Problem mehr. Hier sollten schwierigere Aufgabenstellungen einbezogen werden. Zum Beispiel darf nur der Unterarm
ertastet werden, oder das Kind wird von verschiedenen Teilnehmern einige
Sekunden am Rücken massiert. Auf Grund dieser Informationen sollen
nun wiederum die Mitspieler unterschieden werden.

# Spiel 24 Tänzer-Kim

## Besonderheiten
Rhythmische Bewegung und Tanz wird häufig in Entspannungsphasen eingesetzt. Kindern machen tänzerische Bewegungen großen Spaß und sie sollten deshalb auch innerhalb einer Spielgruppe nicht vernachlässigt werden.

## Voraussetzungen
Es wird keinerlei Material benötigt.

## Beschreibung
Jeder Teilnehmer denkt sich eine individuelle, wiederholbare Bewegungsabfolge aus, die ihn im Folgenden kennzeichnet.
Im Kreis werden dann der Reihe nach die verschiedenen Bewegungen vorgeführt und mit der Gruppe eingeübt. Alle Teilnehmer müssen versuchen, sich die Figuren der Mitspieler zu merken.
Anschließend beginnt das Ratespiel: Einige Mitglieder der Gruppe treten vor einen ausgewählten Ratemeister und fragen ihn nach ihrer Bewegung. Der Ratemeister muss versuchen, die richtigen Bewegungen für jeden dieser Teilnehmer vorzumachen.

## Variationen
Für den Anfang reichen kleinen Gesten und Gebärden für jede Person. Man kann die Schwierigkeit steigern, indem zu umfangreicheren Bewegungsabfolgen übergegangen wird.
Dieses Spiel eignet sich außerdem hervorragend als Kennenlernspiel in einer neuen Gruppe. Hierbei wird die Bewegung mit dem Nennen des eigenen Namens oder der Namensgebärde kombiniert.

**Spiel 25** schau-mal-Kim

## Besonderheiten

»Schau-mal-Kim« ist besonders schön, wenn es in der Natur durchgeführt wird. Man kann sich mit einer großen Gruppe im Freien bewegen und gleichzeitig geraten die Teilnehmer in eine ruhige Stimmung, da das genaue Betrachten der Umwelt wichtig für den Spielverlauf ist. »Schau-mal-Kim« eignet sich aber auch sehr gut für den Einsatz im Unterricht, besonders bei Lern-Stationen im geöffneten Unterricht.

## Voraussetzungen

Für »Schau-mal-Kim« können alle Gegenstände der natürlichen Umwelt verwendet werden. Wird das Spiel im Freien gespielt, so sollte eventuell eine zweite erwachsene Begleitperson dabei sein.

## Beschreibung

Mit der gesamten Gruppe wird im Freien oder im Gebäude eine bestimmter Weg abgegangen. Der Spielleiter stellt den Kindern die Aufgabe, alles ganz genau zu betrachten und sich gut zu merken, da später Veränderungen erkannt werden müssen. Ist der Rundgang beendet, werden die Teilnehmer in zwei gleich große Gruppen aufgeteilt. Eine Gruppe darf beginnen. Sie läuft die gleiche Strecke alleine ab und verändert bestimmte Kleinigkeiten. Es kann zum Beispiel ein Eimer an eine andere Stelle gestellt werden oder ein kleiner Ast, der auf dem Boden lag, wird seltsam auf einen Strauch oder Baum gelegt. Dem kindlichen Einfallsreichtum sollten keine Grenzen gesetzt sein, allerdings müssen die Veränderungen deutlich erkennbar sein und ihre Anzahl muss am Ende der zweiten Gruppe bekannt gegeben werden. Diese versucht nun in einem weiteren Rundgang alle Eingriffe der ersten Gruppe zu entdecken. Hierbei können auch Punkte vergeben werden. Auf jeden Fall sollten im Anschluss die Rollen getauscht werden, damit jedes Kind einmal zur Vor- und einmal zur Nachhut gehört hat.

## Variationen

Wird dieses Spiel im Klassenzimmer durchgeführt, können die einzelnen Stationen Materialien aus den vergangenen Unterrichtsstunden enthalten. Denkbar wäre eine Station mit Getreidesorten, eine Station mit Früchten, eine weitere mit Gemüse usw. Die erste Gruppe stellt zum Beispiel die Schilder mit den richtigen Bezeichnungen zu den Gemüsesorten um oder legt zu den Früchten Gemüse dazu. Den Kindern sollte ruhig Freiraum gelassen werden, da sie oft bessere und mehr Ideen haben als der Spielleiter.

# Kategorie 5: Massagespiele und Spiele zur taktilen Stimulation

Ein Teilbereich der körperlichen Wahrnehmungen sind die taktilen Sinneseindrücke. Sie spielen für Entspannungsverfahren eine große Rolle und werden sowohl im medizinischen als auch im psychologisch-therapeutischen Bereich genützt. Die beruhigende Wirkung erwünschter taktiler Reize ist unbestritten. Grundvoraussetzung für einen positiven Einsatz von Massagespielen ist ein gewisser Grad an Entspannung und eine solide Vertrauensbasis.

Etliche Kinder mit auffälligem Verhalten leiden unter Berührungsängsten und Kontaktschwierigkeiten. Diesen Kindern fällt es schwer, sich in den Arm nehmen zu lassen oder andere Kinder anzufassen. Hier kann therapeutisch geholfen werden. Einen Beitrag leisten Entspannungsspiele, die auf Grund ihrer taktilen Basis vorsichtig zum Abbau von Angstgefühlen beitragen können. Erste Berührungen können zunächst mit Hilfsmitteln wie Ball oder Luftballon realisiert werden. Eine langsame Steigerung der Kontaktaufnahme und Berührungsintensität kann schrittweise erfolgen.

Da für Kinder in der Regel einfache taktile Techniken oder Massageübungen zu langweilig sind, ist es sinnvoll, diese in Form von Spielen zu präsentieren.

Für die meisten Massagespiele ist eine funktionierende Handmotorik notwendig, die zusätzlich durch die Übungen gefördert wird. Es ist aber auch eine Durchführung mit den Füßen vorstellbar, die häufig für Kinder lustiger ist, als der alleinige Weg über die Hände. Diese Fußmassage findet im Sitzen auf dem Boden statt, und die Kinder wandern mit ihren Füßen am Körper des Partners auf und ab.

Massagespiele stellen vor allem an verhaltensauffällige Kinder hohe Ansprüche: Der Rollenwechsel zwischen aktiv Beziehungsgestaltendem und passiv Empfangendem kann zu Spannungen führen. Intime Toleranzgrenzen können vom Partner ungewollt überschritten werden. So sollten gewalttätige Kinder bei Massagespielen nur unter genauer Beobachtung einbezogen werden, um Verletzungen der anderen Mitspieler zu vermeiden.

**Spiel** 26 **schneckenhaus**

**Besonderheiten**
Das Spiel erfordert starke körperliche Nähe und Vertrauen. Die Partner sollten sich aus diesem Grunde gut kennen und aufeinander eingehen können. Bei aggressiver Stimmung sollten andere Spiele bevorzugt werden. Durch die sanften Berührungen werden besonders Kontaktängste abgebaut. Die Kinder lernen, einander zu vertrauen und gegenseitig Rücksicht zu nehmen. Durch Massage wird die Muskulatur gelockert, und es kommt zu einem entspannten Zustand.
Im Rollentausch können die Kinder erleben, was sich gut anfühlt und was eher zu Verspannungen führt.

**Voraussetzungen**
Die Vorbereitung von Materialien ist nicht unbedingt nötig, kann aber zu interessanten Variationen führen.

*Durch wohl tuende Berührungen und Massagen wird die Schnecke aus ihrem Haus gelockt.*

## Beschreibung

Es handelt sich hierbei um ein Partnerspiel. Jeweils ein Kind stellt sich vor, es sei eine »Schnecke«, die sich aus Angst oder weil es ihr nicht gut geht in ihr Haus verkrochen hat. Die Hälfte aller Teilnehmer sitzt also zusammengekauert auf dem Boden. Die anderen Kinder versuchen nun durch verschiedene wohl tuende Berührungen, Streicheln, Antippen, Luft zufächeln, Massagen etc. die »Schnecke« aus ihrem Haus zu locken. Immer wenn die »Schnecke« eine Berührung als angenehm empfindet, kriecht sie ein kleines Stück mehr aus ihrem Haus heraus. Gefällt ihr eine Art der Kontaktaufnahme nicht, dann zieht sie sich wieder zurück. Ist die »Schnecke« ganz aus ihrem Haus herausgekrochen, dann streckt und dehnt sie sich behaglich ihren ganzen Körper. Nun werden die Rollen gewechselt. Zum Abschluss des Spieles ist es möglich, sich kurz gemeinsam in der Gruppe darüber auszutauschen, welche Berührungen angenehm und welche weniger angenehm waren.

## Variationen

Das Spiel »Schneckenhaus« kann vor allem durch Änderung in der Materialwahl variiert werden. Die Kinder versuchen dann die Schnecke mit einem Pinsel, Luftballon, Massageball oder -stab oder auch durch eine sanfte Fußmassage aus ihrem Haus zu locken.

## Achtung!

Aggressive Kinder müssen bei diesem Spiel genau beobachtet werden, um gewaltvolle Handlungen zu vermeiden.

**Spiel 27 Flipperkugel**

## Besonderheiten
Für eine erfolgreiche Durchführung dieses Spiels ist gegenseitiges Vertrauen und Kooperation wesentlich. Körpergefühl, Körperspannung und Gleichgewichtsgefühl werden gefördert, was für die bewusste An- und Entspannung und somit für die Durchführung von Entspannungsübungen äußerst wichtig ist.

## Voraussetzungen
Für dieses Spiel sind keine Materialien notwendig.
Die optimale Gruppenstärke für »Flipperkugel« umfasst acht Kinder. Notfalls können Kleingruppen gebildet werden.

## Beschreibung
Die Kinder stellen sich in einem engen Innenstirnkreis[2] Schulter an Schulter nebeneinander auf. In ihrer Mitte befindet sich die »Flipperkugel«, ein freiwilliger Mitspieler. Die Teilnehmer im Kreis halten die Hände etwa auf Brusthöhe dicht vor dem Körper. Die »Kugel« beginnt nun, sich in steifer Körperhaltung gegen die Hände der anderen Kinder fallen zu lassen, die sie sanft (!) auffangen und vorsichtig wieder von sich wegstoßen. Die Füße der »Flipperkugel« sollten fest in der Mitte des Kreises stehen bleiben. Gemeinsam wird versucht, möglichst viele Kontakte mit Richtungswechsel der »Kugel« zu erlangen, ohne dass diese die Füße bewegt oder die Körperspannung aufgibt. Das gelingt am besten, wenn die »Flipperkugel« einfühlsam und langsam aufgefangen und weitergegeben wird.

## Variationen
Normalerweise hat das Spiel ohne Punktewertung den größten Effekt. Die Kinder können sich je nach Mut stärker oder vorsichtiger nach vorne und hinten fallen lassen. Davon abhängig kann der Kreis vergrößert oder verkleinert werden, was zu größeren bzw. kleineren Fallwegen führt. Man sollte es jedem Mitspieler selbst überlassen, wie viel er sich selbst und den Mitspielern, die ihn immer wieder abfedern müssen, zutraut.
Um einen zusätzlichen Anreiz zu schaffen, können die Berührungen mit Richtungswechsel gezählt werden. Gewonnen hat die »Flipperkugel«, die

---

[2] Unter Innenstirnkeis wird ein Kreis verstanden, bei dem alle Gruppenmitglieder in das Kreisinnere blicken.

das Gleichgewicht am längsten halten konnte, ohne die Füße zum Absichern zu bewegen (was auch für Erwachsene nicht einfach ist!).

**Achtung!**

Der Spielleiter sollte genau auf Kinder achten, die nicht gut kooperieren können oder zu grob mit der »Flipperkugel« umgehen. Ein Vertrauensbruch kann ungute Folgen haben. Oft nützt diesen Kindern auch die Selbsterfahrung im Kreisinneren.

**Besonderheiten**
Rückenpost zählt zu den allseits beliebten Spielen und ist auf vielen Kindergeburtstagen zu finden. Es ist leicht verständlich und problemlos jeder Altergruppe anzupassen. Gerade in der Nähe der Wirbelsäule verlaufen auf dem Rücken etliche Nervenbahnen. Leichte Massage und Streicheleinheiten rufen schnell einen entspannten Zustand hervor.

**Voraussetzungen**
Stühle oder Sitzkissen für jedes Kind wären vorteilhaft.

**Beschreibung**
Die Mitspieler sitzen im Flankenkreis[3] auf Stühlen oder Sitzkissen hintereinander. Je nach Alter der Schüler wäre es vorteilhaft, wenn sie mit bloßem Oberkörper spielen könnten. Der letzte Teilnehmer beginnt und malt oder schreibt mit seinem Finger seinem Vordermann eine Botschaft auf den Rücken. Für kleinere Kinder eignen sich einfache Bilder wie etwa ein Haus, eine Sonne oder auch nur ein Kreis. Ältere Spieler können längere Schriftbotschaften übermitteln. Ein Wort wird dabei durch Wischen mit der flachen Hand über den Rücken abgeschlossen, und Satzzeichen sollten natürlich auch nicht fehlen. Das Ende wird durch Klopfen auf die Schulter signalisiert. Jeder Mitspieler gibt nun die Botschaft, die er erhalten hat, so gut wie möglich nach vorne weiter. Am Ende wird die Ausgangsbotschaft mit dem Endprodukt verglichen. Oft ergeben sich durch undeutliches Schreiben lustige Missverständnisse.

**Variationen**
Schwieriger wird es, wenn rhythmische Klopfzeichen auf verschiedene Stellen des Rückens gemerkt und weitergeleitet werden sollen. Hier ist Konzentration und Körpergefühl gefordert, welche gleichzeitig geschult werden.
Eine lustige Variante ergibt sich, wenn nicht mit den Fingern, sondern mit den Zehen auf den Rücken des Vordermanns gemalt wird. Dabei ist das Erkennen von Bildern noch schwieriger. Man sollte deshalb mit einfachen Zeichen wie geometrischen Figuren oder Zahlen beginnen.

---

[3] Im Flankenkreis sitzen die Mitspieler hintereinander im Kreis und haben jeweils die gleiche Schulter der Kreismitte zugewandt.

**Spiel 29 Erzählende Hände**

## Besonderheiten
Bei diesem Partnerspiel müssen die Augen geschlossen werden. Der visuelle Sinn wird entlastet, und die Kinder können sich auf ihre taktilen Empfindungen konzentrieren. Wichtig ist, das Spiel ernsthaft zu gestalten, da großes Vertrauen gegenüber dem Partner notwendig ist.

## Voraussetzungen
Es sind keine Materialien notwendig.

## Beschreibung
Die Mitspieler sitzen sich paarweise in geringem Abstand gegenüber und haben beide die Augen geschlossen. Zu Beginn halten sie sich an den Händen. Nun beginnt einer mit Hilfe der Hände dem anderen etwas zu erzählen. Dabei können konventionelle Gebärden und Gesten verwendet oder Bilder in die Luft gezeichnet werden. Das Ende der Erzählung wird durch ein vereinbartes Zeichen gekennzeichnet. Mit offenen Augen wird nun verglichen, was der Erzähler vermitteln wollte, und was beim Empfänger wirklich angekommen ist.

## Variationen
Die Einführung des Spiels sollte mit einfachen Botschaften erfolgen, die kurz und prägnant sind. Möglich wäre z. B. »Ich bin traurig« oder Ich mag dich. Später können mehrere Sätze an einem Stück versucht werden, oder die Kinder wagen sich gar an eine kurze Geschichte. Gerade gebärdensprachkompetente Kinder haben hier einen Vorteil.
Eine schwierige und sehr lustige Variante ergibt sich, wenn entsprechend dem Verfahren von Spiel-Nr. 28 Rückenpost vorgegangen wird: Die erzählte Botschaft wird von Mitspieler zu Mitspieler weiter gegeben. Hierbei muss sich die jeweils nächste Person auf ein Handzeichen hin dem Hintermann zuwenden, der dann die angekommene Botschaft mit geschlossenen Augen weitergibt. Je größer dabei die Anzahl der Mitspieler ist desto unwahrscheinlicher ist es, dass die Ursprungsbotschaft richtig ankommt, aber umso lustiger wird das Spiel.

## Achtung!
Anfangs darf nicht zu viel von dieser Art zu Kommunizieren erwartet werden. Was sich leicht anhört, fällt in der Ausführung oftmals sehr schwer. Die Kinder sollte man darauf vorbereiten, dass zuerst nur wenig des Erzählten erkannt wird.

**Spiel 30  Entspannungsschaukel**

## Besonderheiten
Hierbei handelt es sich um eine spielerische Übung, die nach anfänglicher Anspannung eine angenehme Entspannungswirkung erzielt. Die »Entspannungsschaukel« kann jedoch nur mit einer Gruppe durchgeführt werden, die sich gut kennt und schon aufeinander eingespielt ist. Bei Schulklassen dürfte das normalerweise kein Problem sein. Dieses Spiel stärkt das Gruppenklima und fördert das gegenseitige Vertrauen.

## Voraussetzungen
Es sind keine Vorbereitungen und Materialien notwendig. Die Gruppenstärke darf nicht zu gering sein. Es werden mindestens 11 Mitspieler benötigt.

## Beschreibung
Die Kinder stehen sich in zwei Reihen gegenüber. Über die Gasse hinweg strecken sich die Partner die Arme entgegen und legen diese fest ineinander, sodass eine tragfähige »Hängebrücke« entsteht. Die Kinder einer Reihe sollten eng, Schulter an Schulter, nebeneinander stehen.
Ein Mitspieler darf den Anfang machen und sich bequem auf der entstandenen Liegefläche ausstrecken. Auf ein Zeichen hin wird er leicht hin und her geschaukelt. Diese sanften Bewegung stimuliert das Gleichgewichtsgefühl und wirkt sehr beruhigend. Werden dabei die Augen geschlossen, ist der Effekt noch deutlicher. Auf ein weiteres Signal hin stoppt die »Schaukel«, und ein anderes Kind darf in die »Hängematte«.
Zum Aufsteigen auf die »Schaukel« empfiehlt es sich, vorsichtig von einem Tisch oder Stuhl aus auf die Arme der Mitspieler zu klettern. Dabei muss das entsprechende Kind so schnell wie möglich in die Liegeposition kommen, damit sein Körpergewicht auf alle Mitspieler verteilt wird.

## Variationen
Jeder sollte natürlich die Liegeposition auswählen, die ihm am angenehmsten erscheint. Dies kann in der Bauch-, Rücken- oder Seitenlage sein. Ist genügend Zeit vorhanden, können auch mehrere Positionen ausprobiert werden.
Eine besonders spannende Variation entsteht, wenn sich der Mitspieler, der in der Hängematte schaukeln darf, von einem Tisch hinab in stocksteifer Körperhaltung auf die Arme der Kinder fallen lässt. Dazu muss aber feststehen, dass das entsprechende Kind die Körperspannung halten kann.

Eine gute Vorübung hierzu bietet Spiel Nr. 27. Nach dem mutigen Sturz kann die entspannende Schaukelpartie umso mehr genossen werden.

**Achtung!**
Dieses Sich-Anvertrauen erfordert für viele Kinder (und auch Erwachsene) einigen Mut. Die Liegefläche ist nicht stabil, die angenehme Bewegung hängt vollkommen von den übrigen Teilnehmern ab. Man begibt sich also in ein Abhängigkeitsverhältnis. Ängstliche Kinder sollten keinesfalls gezwungen werden, sich auf die Schaukel zu legen. Meistens steigt der Mut jedoch, wenn die»Schaukel« mehrmals gut gehalten hat, und das Kind als Teil der»Hängematte« erlebt hat, dass das liegende Kind gar nicht schwer zu halten ist.

**Besonderheiten**
Bei diesem Spiel wird vor allem der taktile Sinn angesprochen. Der visuelle Kanal wird entlastet, da mit geschlossenen Augen gespielt wird.

**Voraussetzungen**
Das Spiel Katzenpfoten ist überall und ohne Vorbereitung und Materialien durchführbar.

**Beschreibung**
Die »Katzenbesitzer« stellen sich breitbeinig in einem weiten Kreis auf. Die Hälfte der Kinder nimmt die Rolle der »Katzen« ein und bewegt sich in der Mitte des Kreises, während die »Katzenbesitzer« die Augen geschlossen halten. Leise und vorsichtig nähern sich die »Kätzchen« ihren Besitzern (jeder sucht sich einen aus) und streichen um sie herum, schmeicheln um die Beine und kuscheln sich an ihr »Herrchen«. Alle taktilen Reize sind dabei erlaubt jedoch auf sanfte Weise! Auf ein Signal hin, entfernen sich die »Katzen« von ihrem Besitzer und geben dann das Zeichen zum Öffnen der Augen. Nun müssen die »Besitzer« erraten, welches »Kätzchen« ihnen zugelaufen war. Wer richtig getippt hat, darf in die Mitte und die Rolle einer »Katze« übernehmen.

**Achtung!**
Es sollte darauf geachtet werden, dass alle Kinder mindestens einmal beide Spielfunktionen einnehmen konnten.
Vor allem mit hörenden Kindern sollte man vor dem Spiel das leise Schleichen und Berühren üben, damit nur auf die taktilen Reize des Kätzchens geachtet wird und nicht auf dessen Geräusche bei der Bewegung.

Spiel 32 Wurmtransport

**Besonderheiten**
Dieses Transportspiel ist nicht nur sehr lustig, es entspannt auch durch seine leichte Massage die Rückenpartie.
Es wird kein Verlierer oder Gewinner ermittelt, und trotzdem ist der Anregungscharakter und der Beliebtheitsgrad dieses Spiels sehr hoch.
Damit überhaupt ein genügend langer Wurm gebildet werden kann, sollte die Gruppe nicht zu klein sein (ab ca. zwölf Mitspielern kann schon ein kleiner Wurm gebildet werden).

**Beschreibung**
Die Kinder legen sich eng nebeneinander entgegengesetzt, Kopf an Kopf in einer Reihe auf den Boden.

Sie strecken ihre Arme mit abgewinkelten Händen nach oben, sodass eine Art Förderband entsteht. Ein Kind, das nicht ein Teil des »Wurmes« ist, legt sich nun vorsichtig unter Mithilfe des Spielleiters mit dem Rücken auf die Hände der ersten Mitspieler. Diese beginnen sofort mit dem Weitertransport.
Da die Kinder sich immer auf vielen Händen gleichzeitig befinden, ist das Gewicht, welches auf Einzelnen lastet, sehr gering. Wurde das erste »Gepäckstück« bis zum Ende befördert, muss der »Wurmtransport« stoppen, das Kind steigt vom Laufband und legt sich als neues Endstück zum »Wurm« dazu. Das nun ganz vorne liegende Kind ist das nächste »Gepäckstück« und wird bis zum Ende transportiert.

**Variationen**
Wie bei der »Entspannungsschaukel« (Spiel Nr. 29) können die Kinder
selbst entscheiden, in welcher Lage sie sich vorwärts transportieren lassen möchten. Am einfachsten dürfte die Rückenlage sein. Hierbei können
keine Verletzungen auftreten, die daraus resultieren, dass dem Kind in die
Augen gefasst oder in den Hals gedrückt wurde.

**Achtung!**
Den Kindern muss vorher unbedingt das Prinzip des Spiels klar sein: Je
länger man den eigenen Körper macht, je gerader man liegt und je stärker
die Körperspannung ist, desto leichter ist es für die anderen Teilnehmer die
Last weiter zu transportieren. Der Vorgang sollte nicht zu schnell gehen,
damit die Situation in Ruhe getestet werden kann.
Das Spiel sollte nicht als Wettspiel mit zwei Gruppen ausgeführt werden,
da es zu Verletzungen durch zu eifrige Kinder kommen kann.
Niemand darf gezwungen werden, sich auf das wackelige Förderband zu
legen! Wenn Kinder nicht abtransportiert werden wollen, können sie um
den Wurm herumgehen, wenn sie an der Reihe wären und sich an das Ende
wieder als Teil des Förderbandes legen.


# Kategorie 6: Atemspiele

Atemspiele eignen sich sehr gut für die Beschäftigung mit einem einzelnen Kind oder für Gruppenspiele ohne Körperkontakt. Aus diesem Grund
sind sie auch mit aggressiven oder gewalttätigen Kindern gut durchführbar,
ebenso mit Kindern, die (noch) keinen Körperkontakt ertragen können.
Vor allem bei der Förderung von hörgeschädigten und sprachbehinderten Kindern nehmen Atemspiele eine besondere Stellung ein. Die ange-
messene Luftführung wird spielerisch eingeübt und das Atemvolumen ge-
steigert. Sie fördern den ökonomischen Stimmgebrauch und begünstigen
die »rhythmisch sprechgerechte Verwendung der Atemluft« (PREU 1988,
49). Außerdem benötigen Atemspiele keine große Regelerklärung und
Einführung. Durch einfaches Vormachen und kurze Tipps haben die Kinder normalerweise schnell verstanden, was das Ziel des Spieles ist.
Die Atmung ist ein notwendiger Bestandteil unseres Lebens. Sie hat
Einfluss auf Gesundheit, Stimmung, Energie, Kreativität, Kreislauf und
Stimmqualität. Gute und regelmäßige Atmung dient der Unterstützung unseres Wohlbefindens im Alltag und in Anspannungssituationen.
»Unser Atem ist der Schlüssel zu unserer Lebendigkeit, zu unseren Ge-
fühlen. Der beständige Fluss des Ein- und Ausatmens sorgt für einen fort-
während Kontakt zwischen unserer Innenwelt und dem, was uns umgibt.
Je weniger und je flacher wir atmen, desto weniger Gefühle werden wir in

uns wahrnehmen und desto weniger Kontakt werden wir zu unserer Umwelt/unseren Mitmenschen haben.« (ASCHENBRENNER 1994, 146)
Atemspiele richten den Blick auf eine gezielte, kontrollierte und gesundheitlich orientierte Atmung. Sie machen den Atemvorgang bewusst und führen zu einer tiefen, ganzkörperlichen Entspannung.
Allerdings müssen bei der Anwendung von Atemspielen drei Grundsätze beachtet werden:
• Bei Spielen, die bewusst verlängerte Atemzüge enthalten, sollte auf kontrollierten und zeitlich begrenzten Einsatz geachtet werden, da sonst die Gefahr der Hyperventilation besteht.
• Ferner darf die Einatmung niemals forciert werden, da sie auf Grund des unwillkürlichen Atemreflexes von selbst geschieht.
• Nach Beendigung des Spiels ist eine Phase der Ruhe anzuschließen, um zu einer natürlichen Atmung zurückzukehren. Diese Zeit muss nicht sehr lange sein, der Leiter kann durch Beobachtung schnell erkennen, wann die Kinder den ursprünglichen Atemrhythmus wiedererlangt haben.

Atemspiele sind vielfältig einsetzbar: Sie dienen der Auflockerung, da sie oft sehr lustig sind, und bilden eine gute Grundlage für die weitere Arbeit. Die oft kurzen Übungen und Spiele sind schnell durchführbar und bedürfen keinerlei Vorbereitungen.
Somit sind sie jederzeit als kurze Spiele für »zwischendrin« geeignet.

**Spiel** 33   **Wattepusten**

## Besonderheiten
Das wohl bekannteste Spiel aus der Kategorie der Atemspiele ist »Watte-pusten«. Es kann als schnelles Spiel mit hohem Wettkampfcharakter oder als eine Art Therapiespiel zur Atemarbeit mit entspannendem Charakter eingesetzt werden.
Das Spiel unterstützt besonders atemschwache Kinder, ihr Lungenvolu-men auszunutzen. Das tiefe Ausatmen trägt zu einer verstärkten Entspan-nungsreaktion bei.

## Voraussetzung
Es werden einige kleine Wattebäusche, eventuell Strohhalme und ein Tisch mit glatter Oberfläche benötigt. Die Gruppengröße sollte acht Kinder nicht übersteigen, da die Kinder sonst zu selten an die Reihe kommen.

## Beschreibung
Bei der Wettkampfform sitzen alle Kinder um einen Tisch auf dem ein kleiner Wattebausch liegt. Die Teilnehmer versuchen, ihn durch kräftiges Auspusten über die gegenüberliegende Tischkante auf den Boden zu bla-sen. Das an dieser Stelle sitzende Kind muss seinerseits versuchen, das Herunterfallen auf die gleiche Weise zu verhindern. Wenn es von den Kin-dern gewünscht wird, können die »Tore« eines jeden Mitspielers gezählt werden.

## Variationen
Besonders viel Spaß macht es, mehrere Watteteile gleichzeitig ins Spiel zu bringen. Auf diese Weise haben etliche Kinder zur gleichen Zeit zu tun, und schnelle Reaktion und Konzentration werden gefordert.
Eine ruhigere Form ist das Ziel- oder Hindernispusten. Die Kinder versu-chen hierbei, den Wattebausch möglichst genau bis zu einem Punkt oder um bestimmte Hindernisse herum zu pusten. Atemkontrolle und richtiger Einsatz sind notwendig, um die passende Dosis an Luft aufzuwenden.
Alle Variationen können mit Hilfe eines Strohhalms zum leichteren Rich-tungspusten durchgeführt werden.

## Achtung!
Bei Spielen, die bewusst verlängerte Atemzüge enthalten, sollte auf kon-trollierten und zeitlich begrenzten Einsatz geachtet werden, da sonst die Gefahr der Hyperventilation besteht! Die Kinder sollten darauf hingewie-sen werden, dass die Einatmung keinesfalls forciert werden darf.

Nach Beendigung des Spiels ist eine Phase der Ruhe anzuschließen, um zu einer natürlichen Atmung zurückzukehren. Diese Zeit muss nicht sehr lange sein, der Leiter kann durch Beobachtung schnell erkennen, wann die Kinder den ursprünglichen Atemrhythmus wiedererlangt haben.

Spiel 34 Federstaffel

**Besonderheiten**
Das Spiel »Federstaffel«eignet sich besonders gut, wenn nicht nur die Atmung sondern auch die körperliche Ausdauer trainiert werden soll, da es konditionell einigen Einsatz verlangt.

**Voraussetzung**
Für die »Federstaffel« werden einige »flugtüchtige«, leichte Federn und eventuell Bauklötze benötigt.

**Beschreibung**
Zum Einspielen finden sich die Kinder in Kleingruppen von maximal vier Mitgliedern zusammen. Jede Gruppe bekommt eine etwa gleich große und schwere Feder. Diese soll nun durch kräftiges Anpusten von unten so lange wie möglich in der Luft gehalten werden. Dazu müssen die Teilnehmer abwechselnd unter die Feder tauchen und senkrecht nach oben pusten. Um Hyperventilation zu vermeiden, darf jedes Kind nur die Kraft eines tiefen Atemzuges verwenden und muss dann seinen Platz einem anderen Mitspieler überlassen, bevor es wieder an die Reihe kommt.
Für die Wettkampfform kann zusätzlich eine Aufgabe gestellt werden. Beispielsweise soll ein Turm aus Bauklötzchen aufgestellt werden, wobei sich die Teilnehmer jedoch beim Bauen Stein für Stein abwechseln müssen! Währenddessen muss die Feder ständig in der Luft gehalten werden.
Bei dieser Spielform kann die Zeit gemessen werden oder es treten mehrere Gruppen gleichzeitig gegeneinander an.

**Variationen**
Eine nette Variante kann man mit zwei Gruppen durchführen, indem die erste einen Turm oder eine Mauer aus Bauklötzchen auf- und die zweite diese auf dem gleichen Weg wieder abbaut. Die Teilnehmer müssen somit auch die Reihenfolge der Steine im Gedächtnis behalten.

**Achtung!**
Vorsichtig sollte man bei Kindern sein, die unter Schwindelanfällen und Koordinationsschwierigkeiten leiden. Durch das ständige Nach-oben-Schauen kann das Schwindelgefühl verstärkt werden.
Wie bei allen Atemspielen muss Hyperventilation und Forcierung der Einatmung unbedingt vermieden werden.
Im Anschluss an das Spiel sollte eine Phase der Ruhe folgen, in der jeder Teilnehmer wieder zu seinem ursprünglichen Atemrhythmus finden kann.

**Spiel 35** Pusteparcour

## Besonderheiten
Die Bewältigung eines bestimmten Parcours stellt stets eine motivierende Herausforderung dar. Beim »Pusteparcours« gelingt dies nur mit dem richtigen Einsatz der Luftführung beim Ausatmen.

## Voraussetzung
Benötigt werden verschiedene Hindernisse über die, durch die oder unter denen durch ein Tischtennisball gepustet werden kann. Möglich sind beispielsweise: Becher, Flaschen, Röhren, Teppichfliesen, kleine Wippen, etwas Sand, usw.

## Beschreibung
Die Hindernisse werden auf dem Boden oder auf einem Tisch aufgestellt. Gemeinsam mit den Mitspielern wird die Reihenfolge der Hindernisse und der Weg durch den Parcours festgelegt. Zur Erinnerungshilfe kann eine Skizze angefertigt werden.
Dann versucht ein Kind nach dem andern, den Tischtennisball möglichst geschickt durch den Parcours zu pusten.
Hierbei kann auf Wunsch die Zeit gemessen und anschließend verglichen werden.

## Variationen
Es ist auch möglich, Punkte für die Parcourleistung zu vergeben. Auf glattem Boden wählen Tischtennisbälle meist eigene Wege, die nicht in der Absicht des »Pusters« liegen. Daher können manche Parcours sehr schwierig zu durchlaufen sein und nicht alle Hindernisse werden vorschriftsmäßig überwunden.
Eine weitere Möglichkeit besteht darin, zwei gleiche Parcours parallel zueinander aufzubauen. Nun können sich zwei Kinder gleichzeitig aneinander messen.
Wettkampffreie Varianten haben den Vorteil, dass sie keine Anspannung innerhalb der Gruppe provozieren. Es genügt normalerweise der Anreiz, die Hindernisse erfolgreich zu durchlaufen, daher ist eine Wettkampfform meist überflüssig. Außerdem reduziert sich bei einer ruhigeren Variante die Gefahr der Hyperventilation.

# Kategorie 7: Spiele mit der Zeit

»Zeit« ist heute ein sehr häufig benutzter Begriff. »Zeit ist Geld«, »keine Zeit für dich«, »Zeitpunkt«, »Zeitgeschichte«, »Zeichen der Zeit« usw. sind Wendungen, die die Bedeutung der Zeit für unser heutiges Leben widerspiegeln. Auch bei Spielen steht meist der Zeitfaktor im Mittelpunkt. Viele Kinder sind nur von Spielen begeistert, wenn sie als Wettkampf oder »auf Zeit« ausgetragen werden, und sie sich dadurch mit anderen messen können. Häufig sind die Folgen dieser ständigen Leistungsmessung aggressives und unkooperatives Verhalten, die schwachen Mitspieler fallen noch mehr als bei wettkampffreien Spielen auf, und der Druck der Gruppe verhindert ein entspanntes Miteinander.

Obwohl unser Leben von dem Phänomen »Zeit« beherrscht wird, haben viele Kinder nur eine schwache Vorstellung von Zeiteinheiten. Sie hantieren zwar oft schon geschickt mit »Timern« und organisieren ihre Freizeit mit dem Blick auf die Uhr, eine bewusste Auseinandersetzung mit dem Phänomen «Zeit« hat aber meistens noch nicht stattgefunden.

Aus diesen Gründen scheint es reizvoll, sich dem Thema »Zeit« zu widmen und entspannt die Länge verschiedener Zeiteinheiten zu erspüren. Die Konzentration auf Zeitspannen stellt die Subjektivität von Zeitempfinden in den Vordergrund und ermöglicht eine veränderte Wahrnehmung dieser Lebensgrundlage.

In den folgenden Spielen steht deshalb nicht der Zeitdruck im Vordergrund, sondern Zeitspannen, die bewusst erfasst und mit Bewegungen ausgefüllt werden.

Hierbei kommt es auf genaues Einschätzen der zeitlichen Länge an. Dies erweitert das Gefühl der Kinder für zeitliche Verhältnisse und ermöglicht eine erhöhte Selbstwahrnehmung. Konzentration, Ruhe und sensibilisierte Wahrnehmung bieten Grundlagen für eine entspannte Atmosphäre.

Spiel 36 Trophäenjagd

**Besonderheiten**
Dieses Spiel dient der Entwicklung von Zeitgefühl, trainiert das Abschätzen von Situationen und fördert die Reaktionsgeschwindigkeit.

**Voraussetzung**
Die Vorbereitung ist gering, es müssen lediglich einige Tücher, Schals oder Ähnliches zum Umhängen bereitliegen.

**Beschreibung**
Alle Kinder bekommen zwei Schals oder Tücher umgehängt. Die Mitspieler bewegen sich frei im Raum. Bei jeder Begegnung ist es möglich, dem Partner ein Tuch wegzunehmen oder ihm eines der eigenen umzuhängen. Ziel des Spieles ist es, dafür zu sorgen, dass man selbst nach einer vorher vereinbarten Zeit (z.B. drei Minuten) nur zwei Tücher umhängen hat.
Nach Ablauf der Zeit werden diejenigen, die es geschafft haben, beklatscht und eine neue Runde kann beginnen.

**Achtung!**
Um eine ruhige und entspannte Atmosphäre zu erreichen, sollte die Fortbewegungsart festgelegt werden (etwa langsames Fuß vor Fuß setzen).

*Bei jeder Begegnung ist es möglich, dem Partner ein Tuch wegzunehmen oder ihm eines der eigenen umzuhängen.*

Spiel 37 Minutenstrecke

**Besonderheiten**
Bei der »Minutenstrecke« steht die Konzentration auf das persönliche
Zeitgefühl und die Fähigkeit, sich vorgegebene Zeit richtig einzuteilen, im
Mittelpunkt.

**Voraussetzung**
Dieses Spiel kann in jedem Raum in kurzer Zeit durchgeführt werden. Es
wird lediglich eine Uhr mit Sekundenzeiger benötigt.

**Beschreibung**
Zu Beginn der Spielrunde wird eine Fortbewegungsart (gehen, hüpfen,
krabbeln, etc.) und ein Start- und Zielpunkt festgelegt.
Die Kinder bekommen die Aufgabe, sich genau innerhalb einer Minute
von der Startlinie in der vereinbarten Bewegungsart zum Zielplatz zu bewegen.
Sieger ist, wer möglichst genau nach 60 Sekunden das Ziel erreicht.

**Variationen**
Zur Einführung des Spiels bietet sich »gehen« als Fortbewegungsart an,
damit die Schüler einen ersten Eindruck von der Zeitspanne bekommen.
Anschließend sollte bei jeder neuen Spielrunde eine andere Gangart ausprobiert werden. Auf den Zehenspitzen »tippelnd« erscheint eine Minute
beispielsweise wesentlich länger als beim Gehen, da das Verharren auf
dem Fußballen anstrengender für die Fußmuskulatur ist.
Eine interessante Variante ergibt sich, wenn jeweils zwei Kinder aufeinander zugehen. Sie sollten sich genau nach einer Minute treffen. Dabei
kommt es besonders auf (sprachfreie) Kommunikation zwischen den Partnern an, die ihr persönliches Zeitgefühl mit dem des Gegenüber in Ein-
klang bringen müssen.
Haben die Kinder in etwa ein Gefühl für die zeitliche Spanne von einer
Minute entwickelt, kann auch in der vorgegebenen Zeit variiert werden.

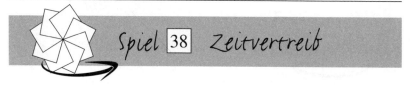

**Spiel 38 Zeitvertreib**

**Besonderheiten**
»Zeitvertreib« kann je nach Tempo entweder zum Beruhigen und Entspannen einer Gruppe oder zum Aufwärmen im Sportunterricht eingesetzt werden. Die erzielte Wirkung hängt sehr von der Einführung durch den Gruppenleiter ab. Er bestimmt die Intensität und das Ziel des Spiels.

**Voraussetzung**
Es werden keinerlei Materialien benötigt.

**Beschreibung**
Die Kinder bewegen sich frei im Raum, Tempo und Fortbewegungsart (laufen, hüpfen, tippeln etc.) wurden durch den Spielleiter vorher festgelegt. Die Mitspieler sollen sich nun möglichst genau nach einer vorher festgelegten Zeit auf den Boden setzen. Ziel ist es, sich als letzter Mitspieler hinzusetzen, aber auf keinen Fall beim Signal nach Ablauf der Zeitspanne noch zu stehen oder zu laufen.

**Variationen**
Dieses Spiel wird erst durch seine Variationen interessant.
Es empfiehlt sich, mit etwas schnellerem Tempo zu beginnen, um den Kindern eine Möglichkeit zum Austoben zu bieten. Es schließen sich verschiedene Durchgänge mit kreativen Bewegungsarten an (z.B. krabbeln, laufen und sich dabei mit dem Partner unterhalten, schleichen, trampeln, kriechen), jeweils vorwärts und/oder rückwärts. In der letzte Runde müssen die Kinder die Zeit beim ruhigen Liegen einschätzen und sich aufsetzen, wenn sie glauben, dass die Zeitspanne vorüber ist.
Im Anschluss an das Spiel können sich die Kinder darüber austauschen, wann es besonders schwer oder leicht war, die Zeit richtig zu erraten.

**Spiel** 39 **Gruppentreffen**

**Besonderheiten**
Beim »Gruppentreffen« ist ein gutes Zeitgefühl notwendig. Zusätzlich wird kooperatives Verhalten und das Gruppengefühl gefördert.

**Voraussetzung**
Da nicht zwingend Material benötigt wird, kann das Spiel jederzeit durchgeführt werden.

**Beschreibung**
Die Mitspieler teilen sich in Kleingruppen von maximal je fünf Kindern auf. Anschließend stellt der Gruppenleiter eine Aufgabe
Beispielsweise:
• Bauen einer Menschenpyramide.
• Tragen der anderen Gruppe von einer Seite zur anderen, wobei immer zwei Personen eine andere tragen dürfen und nur jeweils ein Transport auf dem Weg sein darf.
• Papierhüte für alle herstellen.

Jede Gruppe muss nun schätzen, wie lange sie für die Erfüllung der Aufgabe voraussichtlich brauchen wird.
Die Gruppe mit der kürzeren Zeitangabe darf es versuchen. Gelingt es ihr, bekommt sie einen Punkt. Gelingt es ihr nicht, bekommt die andere Gruppe den Punkt.
Es ist natürlich auch möglich, dass beide Gruppen gleichzeitig erproben, ob sie ihre Zeitvorgabe einhalten können. Die Gruppe, die sich am besten eingeschätzt hat, bekommt den Siegpunkt.
Wie immer sollte das Spiel zuerst ohne Vergabe von Punkten versucht werden. Für Kinder ist der Anreiz, Punkte sammeln zu können jedoch sehr groß und wird daher oft gewünscht.

**Achtung!**
Je größer die Gruppen sind, die gegeneinander antreten, desto schwieriger wird das genaue Einschätzen der benötigten Zeit. Deshalb kann es sinnvoll sein, zunächst mit Paar-Aufgaben anzufangen. Anschließend können die Gruppen vergrößert werden.

# Kategorie 8: Tricks und Kniffeleien zum Nachdenken

Gerade für Lehrer ist es häufig schwierig, die Aufmerksamkeit der Schüler zu bündeln und eine wache Grundstimmung innerhalb der Klasse zu erreichen.

Eine hervorragende Motivationsmöglichkeit ist die kurze Durchführung eines kleinen Zaubertricks oder einer Kniffelaufgabe. Der Lehrer oder Gruppenleiter lenkt die Aufmerksamkeit auf sich, da kein Kind die Lösung einer solchen Aufgabe verpassen möchte. Sind alle Blicke und Sinne auf das Geschehen beim Leitenden gerichtet, ist bereits ein Ziel erreicht: Durcheinander wurde vermieden und die Basis zur Durchführung weiterer Entspannungsspiele geschaffen.

Derartige Zwischeneinlagen sind sicherlich nicht als herkömmliche Spiele zu bezeichnen. Sie sollen aber aus oben genannten Gründen trotzdem in diese Sammlung aufgenommen werden. Durch Kreativität des Spielleiters können natürlich unbegrenzte Variationen oder neue Tricks erfunden werden. Im Folgenden werden einige der Kniffeleien beschrieben.

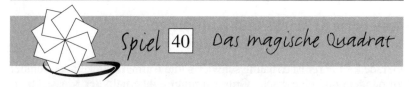

Spiel 40   Das magische Quadrat

**Besonderheiten**
Dieser Trick ist besonders geeignet, eine zerstreute Gruppe wieder um einen Tisch zu versammeln und gespannte Konzentration hervorzurufen.

**Voraussetzung**
Es werden neun Spielkarten und ein eingeweihter Zauberassistent benötigt.

**Beschreibung**

Vor den Augen der Kinder werden die Spielkarten gründlich gemischt und in einem Quadrat aus drei mal drei Karten verdeckt auf den Tisch gelegt. Der Spielleiter erzählt den Kindern, dass auf Grund einer besonderen Verbindung zwischen ihm und dem Assistenten bestimmte Gedanken übertragen werden können. So kann der Spielleiter beispielsweise in den Gedanken des Assistenten lesen, welche Karte die Kinder während seiner Abwesenheit ausgesucht haben.

Dann verlässt er den Raum. Der Assistent bittet die Kinder eine Spielkarte auszuwählen und sich diese genau zu merken.

Der Spielleiter wird hereingeholt und muss nun durch telepatische Gedankenübertragung, die theatralisch mit immenser Kraftanstrengung dargestellt wird, ergründen, welche Spielkarte die Kinder ausgesucht haben.

Da bei der Zaubervorstellung nicht gesprochen werden darf, deutet der Assistent nun der Reihe nach auf alle neun Karten und bittet den »Magier« bei der richtigen Karte zu nicken. Natürlich ist es für einen guten »Zauberer« mit entsprechender Konzentration kein Problem, die ausgewählte Karte richtig anzugeben!

Entscheidend bei diesem Trick ist die erste Karte, auf die der Assistent zeigt. Der Punkt, den er mit seinem Finger berührt, gibt Auskunft darüber, an welcher Stelle die ausgewählte Karte innerhalb des Quadrats liegt. Berührt er bei der ersten Karte z.B. die linke Kante in der Mitte (oder: die rechte untere Ecke), so liegt die ausgewählte Karte in der Mitte der ersten Spalte (oder: unten in der dritten Spalte).

Erhalten die Kinder den Hinweis, dass sie durch genaue Beobachtung selbst auf die Lösung des Kartentricks kommen können, so wird eine intensive Phase der Konzentration erzeugt.

**Achtung!**

Vorsicht, wenn einige Kinder den Trick schon kennen oder sehr früh herausfinden. Sie sollten darum gebeten werden, als weitere Assistenten mitzuspielen und die Lösung nicht zu verraten, da sonst die erwünschte Neugier zu schnell befriedigt wird.

Der Spielleiter muss ein gutes Gefühl dafür haben, wie lange er den Kindern die Lösung vorenthalten kann, ohne sie zu frustrieren.

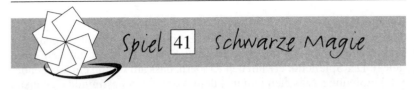

**Spiel 41 schwarze Magie**

## Besonderheiten
Den Kindern wird ein Zaubertrick vorgeführt, der die aufmerksame Wahrnehmung zentriert und eine gespannte Stimmung verbreitet.

## Voraussetzung
Es werden keine Materialien benötigt. Der Spielleiter braucht einen eingeweihten Zauberassistenten.

## Beschreibung
Der Spielleiter erzählt den Kindern, dass er als »Zauberer« hellseherische Fähigkeiten besitzt. So kann er beispielsweise fremde Gedanken lesen und Dinge durch verschlossene Türen sehen. Um dies zu demonstrieren, verlässt der Spielleiter den Raum, während die Kinder mit dem »Zauberassistenten« einen Gegenstand im Raum bestimmen, den der »Zauberer« mit seinen übersinnlichen Kräften herausfinden muss.

Wieder im Raum deutet der Assistent auf verschiedene Gegenstände, und der »Magier« muss durch Nicken oder Kopfschütteln zu erkennen geben, ob es sich um den gesuchten Gegenstand handelt oder nicht. Natürlich stellt dies für den »Zauberer« kein Problem dar!

Der Trick bei diesem Spiel besteht darin, dass der Assistent immer zuerst auf einen schwarzen Gegenstand zeigt, bevor er auf das gesuchte Objekt deutet.

## Achtung!
Zeigen sich gewisse Frustrationsansätze bei den Kindern, weil die Regel zu schwer erkennbar ist, können Tipps gegeben werden, oder der Assistent verhält sich sehr auffällig.

Die Kinder, die glauben, die richtige Lösung entdeckt zu haben, dürfen es selbst einmal versuchen und verlassen den Raum als neue Magier.

Spiel 42 Urlaubsreise

**Besonderheiten**
Bei diesem Spiel ist genaue Beobachtung und kreatives Kombinationsgeschick gefragt. Die Mitspieler sollten über eine gewisse Frustrationstoleranz verfügen.

**Voraussetzung**
Es werden keine Materialien benötigt. Stühle für alle Teilnehmer wären jedoch von Vorteil.

**Beschreibung**
Die Kinder sitzen mit dem Spielleiter im Kreis. Dieser schildert folgende Situation:
»Wir möchten eine Reise auf eine einsame Insel machen, dürfen aber nur wenige Sachen mitnehmen. Es gibt eine ganz bestimmte Regel, welche Dinge mitgenommen werden dürfen und welche nicht. Ich packe in meinen Koffer ein T-Shirt. Das darf mit. ...«
Nun müssen die Mitspieler der Reihe nach nennen, was sie mitnehmen möchten. Der Spielleiter entscheidet jedes Mal, ob dieser Gegenstand eingepackt werden darf oder nicht.
Die Aufgabe der Kinder ist es, in mehreren Spielrunden heraus zu finden, nach welcher Regel der Spielleiter seine Entscheidung trifft.
Meint ein Mitspieler, die Regel entdeckt zu haben, so darf er sie nicht verraten! Aber er kann sie im Folgenden so anwenden, dass die übrigen Mitspieler mit der Zeit ebenfalls die Gesetzmäßigkeit erkennen.

Mögliche Regeln wären:
• Es dürfen nur Kleidungsstücke mitgenommen werden, die der Spielleiter gerade trägt.
• Es dürfen nur Kleidungsstücke mitgenommen werden, die mit einem bestimmten Buchstaben anfangen.
• Es dürfen nur Kleidungsstücke mitgenommen werden, die mit dem selben Buchstaben anfangen, wie der Vorname des jeweiligen Kindes.
• Beim Nennen der Gegenstände müssen die Beine übereinander geschlagen sein.
• Der Anfangsbuchstabe des neuen Gegenstandes muss identisch mit dem Endbuchstaben des vorangegangenen sein.

*»Ich nehme auf meine Reise zur einsamen Insel einen Teddy mit ...«*

**Variationen**
Es gibt unendlich viele Variationen dieser Art von Spielen, bei denen bestimmte Prinzipien herausgefunden werden sollen. Ein bekanntes Beispiel ist »Lirum, larum, Löffelstiel, wer das nicht kann, der kann nicht viel«. Bei diesem Vers wird mit der rechten Hand mit einem Löffel eine beliebige Figur in die Luft gezeichnet, anschließend der Löffel in die linke Hand genommen und an den Nachbarn weitergegeben. Dieses Übergeben in die andere Hand ist entscheidend. Wird dies am Schluss beachtet, so ist die gesamte Ausführung richtig. Die Regel beruht hierbei auf einem vollkommen anderen Prinzip, und viele Kinder brauchen einige Tipps, um sie schließlich zu erkennen. Wird sie aber erst einmal herausgefunden, wird mit stolzer Brust herausgetönt: »Ich weiß es!«

# Kategorie 9: Von der An- zur Entspannung

Spiele, die mit bewusster körperlicher Anspannung und nachfolgender Entspannung arbeiten, sind zeitaufwändiger als manche andere Spiele. Das Grundprinzip dieser Spiele basiert auf den Theorien von JACOBSON (1990), der sich mit dem Zusammenwirken von körperlichen und psychischen Spannungszuständen auseinander setzt. Er geht davon aus, dass durch kurzzeitige Anspannung bestimmter Muskelgruppen im Anschluss maximale Entspannung erreicht werden kann. Dieses Prinzip soll in folgenden Spielen zum Tragen kommen.

Bei den Spielen zur An- und Entspannung gibt es sehr lustige Formen, die meist allen Kindern Spaß machen. Besondere Fähigkeiten sind nicht notwendig, und da es sich selten um Spiele mit Siegern und Verlierern handelt, ist die Grundatmosphäre angenehm gelöst. Gleichzeitig bietet sich den Kindern ein gewisses Maß an Bewegung und Aktion, sodass selten Langeweile auftritt. Da in der Regel jeder nach seinem Ermessen und Können teilnehmen kann, gibt es wenige Kinder, die nicht mitmachen möchten.

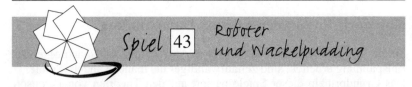

Spiel 43 Roboter und Wackelpudding

## Besonderheiten

Dieses fantasievolle Spiel begeistert vor allem jüngere Kinder. Sie können verschiedene Bewegungsarten ausprobieren und in neue Rollen schlüpfen. Das Spiel enthält genügend Bewegung, sodass keine Langeweile aufkommt, trägt aber auf Grund seines Wechsels an ganzkörperlicher An- und Entspannung zu bewusster Körperwahrnehmung und verbesserter Entspannungsfähigkeit bei.

## Voraussetzung

Zur Abgrenzung eines kleinen Raumbereichs werden Kreide, Seile oder Klebestreifen benötigt.

## Beschreibung

Es wird ein enger Teil des Raumes abgegrenzt, in dem sich die Kinder frei bewegen. Die Hälfte aller Teilnehmer ahmt die Bewegungen eines Roboters nach, in dem sie sich steif und eckig bewegen. Die andere Hälfte läuft als »Wackelpudding« mit vollkommen lockeren, »schlabberigen« und wackelnden Bewegungen im Raum umher.

Der Bereich, in dem sich die Kinder bewegen dürfen, sollte so eng gewählt werden, dass die Teilnehmer sich unabdingbar immer wieder berühren. Bei jedem Kontakt werden die Identitäten (»Roboter« und »Wackelpudding«) der beiden Kollidierenden getauscht, sodass sich jedes Kind immer wieder auf unterschiedliche Weise fortbewegt.

## Variationen

Die Rollen und Bewegungsmuster im Spiel können beliebig erweitert werden. So können neben »Robotern« und »Wackelpudding« auch noch »alte Mütterchen« (gebücktes Gehen), »feine Lords« (hochnäsiges Stolzieren) oder »Ballett-Tänzer« (Zehenspitzengang) im Spielraum herumlaufen. Der Fantasie sind hier keine Grenzen gesetzt!

## Achtung!

Die Kinder sollten darauf hingewiesen werden, dass sie sich gegenseitig nur leicht berühren dürfen, um aggressive Rempeleien zu vermeiden.

Je kleiner der Raum ist, in dem sich die Kinder bewegen, desto häufiger werden die Rollen getauscht. Soll eine Haltung länger beibehalten werden, um auch die Muskulatur zu stärken, muss der Raum vergrößert und das Bewegungstempo reduziert werden.

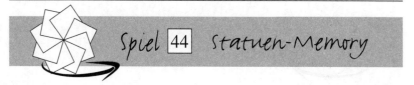

Spiel 44 Statuen-Memory

**Besonderheiten**
In diesem Spiel wird der Wechsel von körperlicher An- und Entspannung verstärkt eingesetzt. Dadurch bahnt es ein Gefühl für körperliche Entspannungszustände an.

**Voraussetzung**
Das Spiel kann sitzend im Stuhlkreis oder auch im Stehen gespielt werden.

**Beschreibung**
Ein Mitspieler verlässt den Raum. Die zurückgebliebenen Kinder bilden Paare. Jedes Paar hat die Aufgabe, sich eine Körperstellung auszudenken, die von beiden Partnern später in gleicher Weise dargestellt wird.
Kennen alle Kinder ihre »Statuen-Stellung«, so mischen sich die Teilnehmer gründlich und nehmen dann im Sitzkreis Platz.
Der Mitspieler, der vor der Tür warten musste, wird hereingeholt. Er lässt sich nun reihum die Figuren zeigen und muss sich diese gut merken, da er jeden Teilnehmer nur einmal aufrufen darf. Im Anschluss versucht er, die Paare richtig zusammenzustellen. Erst, wenn er alle Paare gebildet hat, wird seine Leistung durch nochmaliges Vorführen der Statuenposition überprüft.

**Variationen**
Das gleiche Spiel kann als Fratzen- oder Gebärden-Memory durchgeführt werden. Die Vorgehensweise ist die gleiche, nur ordnet sich jedes Paar z.B. eine Fratze zu. Für hörende Kinder ist eine lustige Variante das »Jodel-Memory«, bei dem sich die Paare einen ausgefallenen »Jodler« ausdenken. Hierbei ist es auch für die Paare gar nicht so einfach, sich die Abfolge von Melodie und Lauten zu merken.

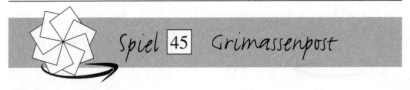

*Spiel* 45   Grimassenpost

**Besonderheiten**
In diesem Spiel steht eine abwechselnde An- und Entspannung der Gesichtsmuskulatur im Mittelpunkt.
Das Lustige bei diesem Spiel ist nicht das Erreichen eines bestimmten Zieles oder das Ermitteln von Verlierer oder Gewinner, sondern der Vergleich einer Ursprungs- mit der oft spaßigen Endsituation.

**Voraussetzung**
Das Spiel kann sitzend im Stuhlkreis oder auch im Stehen gespielt werden.

**Beschreibung**
Die Kinder sitzen oder stehen in einem Flankenkreis.[4] Ein Mitspieler beginnt und denkt sich eine lustige Grimasse aus. Er tippt seinem Vordermann an die Schulter, damit sich dieser umdreht. Der Vordermann versucht die Grimasse seines Mitspielers aufzunehmen und möglichst genau zu imitieren. Dann dreht er sich wieder um und tippt seinerseits seinen Vordermann an, um die Grimasse weiter zu geben.
Anschließend setzt er sich mit dem Blick nach innen in den Kreis. Die Grimasse wird nun von Kind zu Kind weitergegeben.
Ist die Grimasse einmal im Kreis herum gelaufen, wird verglichen, wie sich die erste von der letzten unterscheidet. Auch wenn sich alle sehr bemüht haben, das Gesicht ihres Hintermanns exakt zu kopieren, wird es sicherlich nicht zu absoluter Übereinstimmung gekommen sein. Gerade aber diese Veränderungen machen das Spiel lustig und interessant.

---

[4] Im Flankenkreis sitzen die Mitspieler hintereinander im Kreis und haben jeweils die gleiche Schulter der Kreismitte zugewandt.

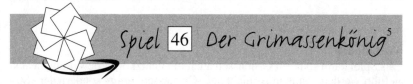

Spiel 46 Der Grimassenkönig[5]

**Besonderheiten**
Bei diesem Spiel sind alle Kinder in das Geschehen integriert und für den Spielfortgang wichtig. Durch das ständige Ziehen von Grimassen ist es nicht möglich, viel zu sprechen. Daher bleibt es im Allgemeinen sehr ruhig, und Aggressionen können nur erschwert ausbrechen.

**Voraussetzung**
Für kleine Kinder ist die Aufgabenstellung unter Umständen etwas zu schwer, da hohe Anforderungen an die Beobachtung und Konzentration gestellt werden.
Wenn möglich, sollte für jedes Kind ein Stuhl vorhanden sein. Außerdem wird ein »Zepter« benötigt, das so klein sein muss, dass es in der geschlossenen Hand verborgen werden kann (z. B. eine Murmel, ein Stück Kreide, etc.).

**Beschreibung**
Die Kinder sitzen im Stuhlkreis, der ein »Königsschloss« darstellt. In der Mitte des Kreises steht ein leerer Stuhl, der »Thron«. Ein Kind wird ausgewählt und muss als »Thronfolger« den Raum verlassen. Anschließend entscheiden die restlichen Mitspieler, wer in der ersten Spielrunde der »Grimassenkönig« sein darf. Er erhält als geheimes Zeichen das »Zepter« und darf in seinem Reich bestimmen, welche Gesichter seine »Untertanen« schneiden sollen. Sie müssen den »König« stets genau imitieren.
Nun wird der »Thronfolger« hereingebeten, der nicht weiß, welches der Kinder der »Grimassenkönig« ist. Gleichzeitig beginnen alle Kinder mit ein und derselben Grimasse, die der »König« vorgibt. Der »Thronfolger« versucht durch genaue Beobachtung der Teilnehmer herauszufinden, wer in der Runde die Grimassen vorgibt, wer also der »König« ist.
Auf ein Handzeichen des »Thronfolgers« muss der »König« eine zweite Grimasse vorgeben, die alle Kinder nachmachen. Durch Heben seiner zweiten Hand erhält der »Thronfolger« noch eine zweite Chance.
Hat der »Thronfolger« entdeckt, wer der »Grimassenkönig« ist, setzt er sich auf den »Thron« und deutet auf das entsprechende Kind. Dieses zeigt seine Hände. Hat es das »Zepter« in der Hand, so darf der »Thronfolger« bestimmen, wer in der nächsten Spielstunde der »Thronfolger« ist. Hat der »Thronfolger« sich jedoch in seiner Wahl getäuscht, so bleibt ihm noch eine einzige Chance.

---

[5] vgl. BOOTH, 1997

**Variationen**

Das Spiel kann statt mit Grimassen auch mit Ganzkörperbewegungen aus-geführt werden. Dann muss nicht der »Grimassenkönig« sondern der »Sta-tuenkönig« entlarvt werden.

**Achtung!**

Die Phase der Anspannung darf auf keinen Fall zu lange ausgedehnt wer-den. Notfalls muss eine zeitliche Begrenzung vorgegeben werden. Der »Thronfolger« muss beispielsweise langsam bis zehn zählen und spätes-tens dann eine neue Grimasse fordern oder den König erraten. Nach jeder Runde ist immer eine Entspannung der Gesichtsmuskulatur nötig.

# Literatur

AHRBECK, B.: Gehörlosigkeit und Identität. Hamburg : Signum, 1997

ASCHENBRENNER, A.: Fühlen lernen – fließen lassen – leben. Braunschweig: Aurum, 1994

AXMANN, D. (Hrsg.): Tagungsbericht zur Fachtagung: Erkennen, verstehen, fördern: Neurogene Lernstörungen beim Spracherwerb hörgeschädigter Kinder : Kinder mit zentralen Störungen der auditiven Wahrnehmung. Würzburg : Hörgeschädigtenzentrum, 1993

BOOTH, R.: Ich spanne meine Muskeln an, damit ich mich entspannen kann: Progressive Muskelrelaxation für Kinder. München : Kösel, 1997

BÜNTING, K.-D.: Deutsches Wörterbuch. Chur : Isis, 1996

DAUBLEBSKY, B.: Spielen in der Schule : Vorschläge und Begründungen für ein Spielcurriculum. Stuttgart : Klett, 1988

DOLLE, A. u. a.: Spiel im Unterricht mit ausländischen Schülern und Erwachsenen. In: HALLER, I.; NEUNER, G.: Kasseler Materialien zur Ausländerpädagogik Band 1. Kassel Gesamthochschulbibliothek, 1983

ECKERT, R.: Psychomotorische Förderung sprachentwicklungsgestörter Kinder. In: IRMISCHER, T.; IRMISCHER, E.: Bewegung und Sprache. Schorndorf : Hoffmann, 1988

EINSIEDLER, W.: Aspekte des Kinderspiels : Pädagogisch-psychologische Spielforschung. Weinheim und Basel : Beltz, 1985

FRITZ, J.: Theorie und Pädagogik des Spiels : Eine praxisorientierte Einführung. Weinheim und München : Juventa, 1993

HECKHAUSEN, H.: Motivationsanalysen. Berlin : Springer, 1979

JACOBSON, E.: Entspannung als Therapie – progressive Relaxation in Therapie und Praxis. München : Pfeiffer, 1990

KIPLING, R.: Kim. Dt. Taschenbuchverlag München 1999

KRUSE, P.; HAAK, K.: Autogenes Training für Kinder. Niedernhausen/Ts.: Falken 1995

LENDNER-FISCHER, S.: Bewegte Stille: Wie Kinder ihre Lebendigkeit ausdrücken und zur Ruhe finden können. Ein Praxisbuch. München: Kösel, 1997

PREU, O.: Sprecherziehung für Studenten pädagogischer Berufe. Berlin: Volk und Wissen, 1988

ROLFF, H.-G.; ZIMMERMANN, P.: Kindheit im Wandel: eine Einführung in die Sozialisation im Kindesalter. Weinheim : Beltz, 1997

RUSCH, H.; WEINICK, J.: Sportförderunterricht. Hofmann : Schorndorf, 1992

SACKS, O.: Der Mann, der seine Frau mit einem Hut verwechselte. Reinbek bei Hamburg : Rohwolt Taschenbuch, 1997

SCHILLING, F.; KIPHARD, E. J.: Körperkoordinationstest für Kinder, KTK. Weinheim : Beltz, 1976

STRUCK, P.: Erziehung von gestern – Schüler von heute – Schule von morgen. München : Hanser, 1997

VAITL, D.; PETERMANN, F.: Handbuch der Entspannungsverfahren. Band 1: Grundlagen und Methoden. Weinheim : Psychologie-Verlags-Union, 1993